乡村振兴农民百事通系列　主编：何丞

农民权

百事通

武玉坤　编著

SPM 南方传媒 | 广东人民出版社
·广州·

图书在版编目（CIP）数据

农民权益保障百事通 / 武玉坤编著 . —广州：广东人民出版社，2023.6
（乡村振兴农民百事通系列）
ISBN 978-7-218-16481-6

Ⅰ.①农… Ⅱ.①武… Ⅲ.①农民—权益保护—研究—中国 Ⅳ.①D422.6

中国国家版本馆 CIP 数据核字（2023）第 038581 号

NONGMIN QUANYI BAOZHANG BAISHITONG
农民权益保障百事通

武玉坤 编著

出 版 人： 肖风华

责任编辑： 卢雪华 李宜励
装帧设计：
插 画： 广州六宇文化传播有限公司 Guangzhou Liuyu Culture Communication Co., Ltd. 谭志坚
责任技编： 吴彦斌 周星奎

出版发行： 广东人民出版社
地 址： 广州市越秀区大沙头四马路 10 号（邮政编码：510199）
电 话：（020）85716809（总编室）
传 真：（020）83289585
网 址： http://www.gdpph.com
印 刷： 广东鹏腾宇文化创新有限公司
开 本： 787mm×1092mm 1/32
印 张： 6.625 **字 数：** 160 千
版 次： 2023 年 6 月第 1 版
印 次： 2023 年 6 月第 1 次印刷
定 价： 30.00 元

如发现印装质量问题，影响阅读，请与出版社（020-85716849）联系调换。
售书热线：020-87716172

编 委 会

主　　编　武玉坤

编写人员　高　畅　谭锐姿　周　颖

总　序

没有农业农村现代化，就没有整个国家现代化。党的二十大报告指出："全面建设社会主义现代化国家，最艰巨最繁重的任务仍然在农村。"报告重申"坚持农业农村优先发展"，并首次明确提出"加快建设农业强国"。

那么如何加快建设农业强国，如何扎实推动乡村产业、人才、文化、生态、组织振兴呢？

2019 年，我们组织编写了《新时代乡村振兴百问百答丛书》。3 年来，丛书取得较好的社会效益与经济效益，经常有读者通过各种方式表示从这套书中获益。这让我们很受鼓舞。

时代在前进，我们实现了小康这个中华民族的千年梦想，打赢了人类历史上规模最大的脱贫攻坚战。当前，农民群众关心的急难愁盼问题也发生了变化。

据此，我们重新策划选题，按照“农民百事通”的角度重新编写了一套丛书，共有9本。争取贴近农民群众，贴近农村现实，做农民群众的贴心人。

实施乡村振兴战略，组织是保障。组织振兴是乡村振兴的“第一工程”，是新时代党领导农业农村工作的重大任务。为此，我们编写了《乡村党务工作百事通》。

乡村振兴的质量和成色，要靠“绿水青山”打底色。从生产到生活，离开了绿色，乡村就失去了本色。为此，我们编写了《乡村环境保护百事通》。

健全基本公共服务体系，提高农村公共服务水平，是扎实推进共同富裕的重要领域。为此，我们编写了《乡村公共服务百事通》。

产业兴旺是乡村振兴的重要基础，而就业是最基本的民生，外出务工仍然是农民增收的最主要渠道。为此，我们编写了《农民务工兴业百事通》。

党的二十大报告提出“坚持多劳多得，鼓励勤劳致富”“鼓励共同奋斗创造美好生活，不断实现人民对美好生活的向往”。生活富裕是广大农民群众的热切向往。为此，我们编写了《农民增收致富百事通》。

乡村振兴，法治要先行。畅通农民权益保障通道，有助于健全城乡社区治理体系。为此，我们编写了《农民权益保障百事通》。

人民健康是民族昌盛和国家强盛的重要标志。乡村要振兴，农民健康须先行。为此，我们编写了《农民卫生保健百事通》。

提升农民群众的防灾减灾意识，减轻、避免自然灾害造成人员伤亡和财产损失，有助于巩固脱贫攻坚成果，全面推进乡村振兴。灾害会让农村片瓦不留，诈骗同样会让农民倾家荡产。为此，我们编写了《农民遇险自救百事通》和《农民预防诈骗百事通》。

我们对编撰者的要求，第一，既然是百事通，那就要设置好“事情”，一定要是农民关心的焦点、难点、热点、痛点、痒点问题。

第二，语言上接地气，通俗易懂，我们要求团队里的教授、专家们放下架子，露出农民本色，就如同面对面回答农民关心的教育、养老、生老病死等问题，用大白话说清楚、讲明白。

第三，不做论文，不做教科书，我们不讲大话，不讲套话，内容实实在在，简单直白地告诉农民朋友怎么办、怎么干、怎么解决问题。

第四，将国家相关的惠农政策也翻译成大白话，让农民朋友知道这项国家政策有什么实实在在的好处。

第五，要有生动鲜活的案例，还要是农民身边的故事，可模仿，可借鉴，或者是引以为戒。

当然，知易行难，是否能达到我们预想的效果，请广大读者朋友检验。另外，鉴于水平有限，差错难免，欢迎批评指正。

丛书主编

2022 年 12 月

序

农民权益保障历来是党和国家关注的重要议题，也是革命、建设和改革各项行动致力实现的核心目标。“打土豪、分田地”既是革命初期党号召农民进行革命的口号，也是对农民土地权益保障的庄重承诺，更是解放区建立、巩固和拓展的有力保障。中华人民共和国成立伊始，国家立即着手进行土地改革，“实行农民的土地所有制”，兑现“耕者有其田”的历史承诺，使广大农民真正成为土地的主人。

改革开放以来，村民自治制度维护了农民的政治权益；“以家庭联产承包经营为基础的统分结合的双层经营体制”在确保农民集体权益的同时极大地调动了农民生产积极性，释放了其追求经济权益的空间。

新世纪尤其是党的十八大以来，农民权益逐步从以经济权益为中心向更多维度转变；全面推进乡村振兴战略，明确“把维护广大农民根本利益、促进广大农民共同富裕作为出发点和落脚点”，旗帜鲜明的回答了“为谁振兴、靠谁振兴”这一根本问题；党的二十大报告则进一步明确农民更加充分的财产权益，保障进城落户农民合法土地权益。

为提高广大农民群众对自身权益的认识，指导农民群众进行合理有效的权益维护，本书从村民自治权益、农村土地权益、农村消费权益、劳动就业权益、社会保障权益、社会安全防护、婚姻家庭权益、未成年人权益、妇女保护权益、人身与人格权益、行政救济权益、农村教育权益和司法救济权益等十三个方面全面呈现农民群众核心权益的主要内容。在行文方式上，本书采取一问一答的形式，突出农民权益的各项核心内容，每章设置“以案释法”栏目，通过实际案例，将相关领域的农民权益内容和维护方式以最通俗的方式呈现出来。

本书内容全面、形式新颖、表达通俗、案例生动，有助于引导广大农民群众提高权益意识，明确核心权益的内容，了解权益受损的主要形式和权益维护的主要途径，是一本值得广大农民朋友和基层干部认真阅读的科普图书。

2022年12月

（唐斌：上海社会科学院软实力研究中心特邀研究员，华南农业大学公共管理学院副院长、教授、博士生导师）

目　录

一　村民自治权益

什么是村民委员会组织和村民自治

基层群众性自治组织——村民委员会由主任、副主任和委员3～7人组成。《中华人民共和国村民委员会组织法》第二条规定，村民委员会是村民自我管理、自我教育、自我服务的基层群众性自治组织，实行民主选举、民主决策、民主管理、民主监督。村民委员会办理本村的公共事务和公益事业，调解民间纠纷，协助维护社会治安，向人民政府反映村民的意见、要求和提出建议。

什么人员可以列入参加选举的村民名单

《中华人民共和国村民委员会组织法》第十三条规定，年满十八周岁的村民，不分民族、种族、性别、职业、家庭出身、宗教信仰、教育程度、财产状况、居住期限，都有选举权和被选举权；但是，依照法律被剥夺政治权利的人除外。

村民委员会选举前，应当对下列人员进行登记，列入参加选举的村民名单：

（1）户籍在本村并且在本村居住的村民；

（2）户籍在本村，不在本村居住，本人表示参加选举的村民；

（3）户籍不在本村，在本村居住一年以上，本人申请参加选举，并且经村民会议或者村民代表会议同意参加选举的公民。

已在户籍所在村或者居住村登记参加选举的村民，不得再参加其他地方村民委员会的选举。

同时，《中华人民共和国村民委员会组织法》第十四条规定，登记参加选举的村民名单应当在选举日的二十日前由村民选举委员会公布。

怎样进行村民委员会的选举

根据《中华人民共和国村民委员会组织法》的规定，再结合各地村民委员会选举工作的实践，村民委员会选举的基本程序是：

（1）分级成立选举工作机构。每次换届选举，从省到乡，层层成立由党委、人大、政府和有关职能部门负责人组成的选举工作机构。在村一级，成立村民选举委员会，负责主持选举工作。村民选举委员会成员由村民会议或者各村民小组推选产生。

（2）依法进行选民登记。《中华人民共和国村民委员会组织法》第十三条规定，年满十八周岁的村民，不分民族、种族、性别、职业、家庭出身、宗教信仰、教育程度、财产状况、居住期限，都有选举权和被选举权。已在户籍所在村或者居住村登记参加选举的村民，不得再参加其他地方村民委员会的选举。

（3）提名确定候选人。村民委员会成员候选人可由本村有选举权的村民直接提名产生，可以通过“海选”的方式确定正式候选人。任何组织或者个人都不得指定、委派或者撤换村民委员会成员候选人。正式候选人确定以后，村民选举委员会应当向选民介绍正式候选人，且允许候选人竞选。一方面，由村民选举委员会统一组织候选人进行竞选活动，如竞选演讲公布治村方案、选民现场提问、候选人之间相互提问等；另一方面，在村民选举委员会组织候选人竞选的同时，也应当允许候选人自己举办一些竞选活动，如登门拜访选民，便于候选人与选民之间沟通，使选民能做更好的选择。但是，必须遵守法律法规，给钱给物、请客吃饭、喝酒抽烟等违法行为必须禁止。

（4）组织选民投票。选民投票在选举日以召开选举大会或设立投票站的方式进行。同时，设立流动票箱，方便选民投票。不能亲自投票的选民可以委托他人参与选举。投票采用无记名方式，投票时要设立秘密写票处。

（5）罢免。对于不称职的村民委员会成员，村民可以依法行使民主权利，将其罢免。本村 1 / 5 以上有选举权的村民联名，可以要求罢免村民委员会成员，但罢免应当提出罢免理由。被提出罢免的村民委员会成员有权提出申辩意见。村民委员会应出面及时召开村民会议，投票表决罢免要求。

（6）计票。计票应该公开进行。有选举权的村民过半数参与投票，村民委员会的选举才有效；候选人获得参加投票的村民过半数的选票，方得当选。选举结果当场宣布，并向当选者颁发当选证书。但以威胁、贿赂、伪造选票等不正当手段当选的，其当选结果无效。

村民如何参与选举

村民要满足以下条件才能成为选民：

（1）年龄条件。必须年满十八周岁，以本村村民委员会的选举日为准；村民出生日期的确定，以身份证为准。

（2）属地条件。必须是本村村民。

（3）政治条件。即依照法律未被剥夺政治权利的村民。

（4）身体条件。精神病患者在发病期间停止行使选举权，但要经医院证明后认可，待精神正常后再恢复行使选举权。

村民只有通过登记并编入选民名册，才在事实上取得选民资格。只有获得选举权和被选举权，才能参加选举活动。

村民委员会的选举由村民选举委员会主持，其他任何机构都无权主持村民委员会的选举。村民选举委员会由村民大会选举产生。村民在推选村民选举委员会成员时，要注意几个要求：

（1）要尽可能地把熟悉本村情况、在村民中有较高威望、有较强工作能力并且乐于为村民服务的人推选出来。

（2）村民选举委员会成员的构成要合理。村民选举委员会成员中应该既有村级党组织和其他有关组织的代表，也应该有村民小组长的代表和村民代表，还应该有村中有威望的老干部、老党员的代表。在推选村民选举委员会成员时，可以预先讲明成员比例构成，以便供村民推选时参考。

（3）村民委员会成员正式候选人不能担任村民选举委员会成员。

（4）村民选举委员会的组成人员名单要及时报乡镇人民政府备案，接受县乡选举工作机构的指导。

村民在换届选举中发现有人拉票贿选时，应该怎么办

《中华人民共和国村民委员会组织法》第十七条规定，对以

暴力威胁、欺骗、贿赂、伪造选票、虚报选举等不正当手段，妨害村民行使选举权、被选举权，破坏村民委员会选举的行为，村民有权向乡、民族乡、镇的人民代表大会和人民政府或者县级人民代表大会常务委员会和人民政府及其有关主管部门举报，由乡级或者县级人民政府负责调查并依法处理。

根据《中华人民共和国地方各级人民代表大会和地方各级人民政府组织法》的规定，县级人大常委会及乡镇人民代表大会负有“在本行政区域内，保证宪法、法律、行政法规和上级人民代表大会及其常务委员会决议的遵守和执行”的职责，地方各级人民政府负有“保障公民的人身权利、民主权利和其他权利”的职责。

因此，村民根据《中华人民共和国村民委员会组织法》的规定，无论向上述哪一个机关举报，该机关均应负责调查并及时处理。村民可以就近向乡镇人大、乡镇人民政府举报，也可以不经乡镇人大或乡镇人民政府而直接向县级人大常委会、县级人民政府及有关主管部门举报。

怎样罢免村民委员会成员

《中华人民共和国村民委员会组织法》规定了罢免村民委员会成员的权利、条件和程序等。包括以下六个方面：

（1）罢免村民委员会成员的权利属于全体村民。村民委员会是由本村村民选举产生，向全体村民负责，因而只有村民才有权罢免村民委员会成员，其他任何组织和个人都无权随意罢免或撤换村民委员会成员。但有权提出罢免要求的村民不是一般意义上生活在本村或户籍在本村的人，而是有选举权和被选举权的村民。

（2）罢免议案必须有1/5以上有选择权的村民或者1/3以上的村民代表联名提出。这是启动罢免程序的必要条件。

（3）罢免议案或者罢免要求要明确提出罢免的理由。罢免村民委员会成员涉及全体村民的利益，涉及村内议定事项的贯彻执行，所以必须有充分的罢免理由，不得以一己私利或与村民委员会成员的个人矛盾为理由煽动群众。

（4）允许被提出罢免的村民委员会成员申辩。由于村民委员会的工作没有充分的条件做到完全透明公开，村民委员会成员的工作也不能时刻告知村民，为了保护村民委员会成员的正当权益，可以允许其在表决罢免议案前，在公开场合或以合适的方式提出自己的申辩意见。

（5）罢免村民委员会成员，须有登记参加选举的村民过半数投票，并须经投票的村民过半数通过。也就是说，由本村有选举权的过半数的村民参加的村民会议，才可以对罢免议案进行表决；同时还要求参加会议的村民过半数同意该议案，才能够有权罢免该村民委员会成员。

村民委员会未经村民同意，擅自处置集体重大财产，应该怎么办

《中华人民共和国村民委员会组织法》第三十六条规定，村民委员会或者村民委员会成员作出的决定侵害村民合法权益的，受侵害的村民可以申请人民法院予以撤销，责任人依法承担法律责任。

村干部擅自处置集体资产是违法的，数额巨大就构成犯罪，将依法承担相应的刑事责任。村民群众可以采取两种途径申诉自己的正当权益：一是向乡镇人民政府反映该村干部的违法行为，由乡镇领导督促村干部及时纠正侵犯大多数村民利益的违法行为；二是向基层人民法院提起诉讼，村干部擅自与他人签订合同的，可以请求人民法院判决该合同无效，维护大多数群众的合法权益。

村民委员会不依照法律、法规的规定履行法定义务的，由乡、民族乡、镇的人民政府责令改正。乡、民族乡、镇的人民政府干预依法属于村民自治范围事项的，由上一级人民政府责令改正。

发现村民委员会利用职务便利，非法占有公共财物，应该如何举报

（1）电话举报。如果村民发现村干部有违法行为，可以在工作日拨打相关部门的举报电话，相关部门会及时受理，省去很多

中间环节。

（2）信访实名举报。根据信访条例，实名举报的必须给予回复。匿名举报可查可不查，但实名举报必须将查实结果反馈给举报人，所以是必须核查的。除传统邮寄信访举报材料外，也可以选择登录所在市的纪委监察部门官方网站，进行信件举报。如果有更充分的证据证明被举报人确有犯罪证据，也可以直接向市人民检察院进行举报。

（3）向特定部门举报。要根据所举报的内容，选择正确的投诉单位。比如，举报村主任选举弄虚作假的，要向人大、组织部举报；当村干部协助政府从事行政管理工作，如救灾、抢险、防汛、优抚、扶贫、移民、救济款的管理，国有土地和土地征用补偿费的管理，代征、代缴税款等，此类情况下，村干部属于其他依照法律从事公务的人员，可以向反贪检察机关举报。

村民发现强制、摊派和“搭车”收费行为时，应该如何维权

在我国，公民、法人或者其他组织的权利和义务都是依法确定的，对于法定义务应当认真履行，否则可以依法强制其履行；但是，无权要求公民、法人履行法定义务以外的其他义务。在没有法律、法规规定的情况下，如果要求公民、法人或者其他组织

承担某项义务，就是对公民、法人或者其他组织合法权益的侵犯。违法要求公民、法人或者其他组织履行义务的主要有两种情况：

（1）超出法律、法规规定的范围和条件以及违反法定程序要求公民、法人或者其他组织履行义务，如未按核定税率或超出税率标准要求纳税人纳税。

（2）没有法律、法规依据要求公民、法人或者其他组织履行某种义务，以及要求公民、法人或者其他组织履行的某种义务是法律、法规所禁止的，例如在法律、法规规定以外向企业乱收费、乱摊派。《禁止向企业摊派暂行条例》第三条规定，禁止任何国家机关、人民团体、部队、企业、事业单位和社会组织向企业摊派。

现实生活中违法要求公民、法人或者其他组织履行义务的现象时有发生，比较突出的有：

（1）违法集资。违背群众意愿，强行要求群众缴纳兴建各种工程设施和举办各种商业活动的费用。

（2）违法征购财物。例如自行决定向企业、事业单位收取治安费、绿化费、精神文明建设费、“五好”社区创建费等。

（3）违法摊派费用。例如将本单位的会议、招待、差旅费等应由本单位财政经费列支的费用，要求受其制约的企业“报销”。

（4）违法要求无偿提供人力、物力。例如无偿向企业、事业单位和其他组织、个人征用劳力修建工程、道路。

（5）违法要求作出某种行为。例如强行要求行政相对人购买有价证券、订阅报刊书籍、参加各种保险等。

面对这些乱收费的情况，要学会用法律手段来积极维权。注意通过拍照、录音、录像留存证据，然后通过电话、信件、互联网、传真、走访等形式向主管部门举报。若乱收费的属于行政机关，可以根据《中华人民共和国行政复议法》第六条第七项的规定，公民、法人或者其他组织认为违法集资、征收财物、摊派费用或者违法要求履行其他义务的有权申请行政复议。

如果村民委员会不履行主动公开义务，村民应该如何维权

《中华人民共和国村民委员会组织法》第三十一条规定，村民委员会不及时公布应当公布的事项或者公布的事项不真实的，村民有权向乡、民族乡、镇的人民政府或者县级人民政府及其有关主管部门反映，有关人民政府或者主管部门应当负责调查核实，责令依法公布；经查证确有违法行为的，有关人员应当依法承担责任。

因此，村民委员会不履行村务公开义务时，村民可以向乡、民族乡、镇的人民政府，或者县级人民政府和相关主管部门反映，由相关部门进行调查核实，并责令村民委员会履行依法公布账目等义务。

以案释法

贿选会受到什么样的处罚?

【案例简介】

2017年4月，浙江省建德市寿昌镇永嘉桥村党员伍某为当选永嘉桥村村委会主任，与同村村民李某某、陈某某商量，由自己出资，他们二人出面，以花钱“买票”的方式为伍某本人争取支持率。伍某送给陈某某两条“利群”香烟，要求其帮助拉票助选，陈某某同意后，伍某给了陈某某2200元现金用于拉票助选，陈某某将收到的现金分发给了五户村民，为伍某拉到了23张选票。李某某则出面送给该村村民翁某某400元，要求翁某某选举时投票给伍某。随后伍某将400元付给李某某。伍某以为自己不出面就会很安全，却忘记了纸终究包不住火。伍某因贿选多人被当地公安机关行政拘留5日，并处罚款300元。同年11月，伍某受到党内严重警告处分。

【与法同行】

《中华人民共和国村民委员会组织法》规定，村民委员会是村民自我服务、自我管理的基层群众性自治组织。国家实行村民选举的真正目的是希望村民能选出自己称心的当家人，选出能引领大家致富的带头人。“大包干”的“单干”已经不能使我们走向更加富裕，需要把大家联合和组织起来，这就需要一个好的当家人；光靠土里刨粮食也已经不能使我们走向更加富裕，而是需要有人带领大家开拓新的致富之路。很多富裕农村的经验都表明，有一个好的带头人和当家人是致富的关键。在此，提醒广大村民，不能接受贿赂，一旦发现有贿选的情况，要积极举报。

【法条链接】

《中华人民共和国刑法》第二百五十六条规定，在选举各级人民代表大会代表和国家机关领导人员时，以暴力、威胁、欺骗、贿赂、伪造选举文件、虚报选举票数等手段破坏选举或者妨害选民和代表自由行使选举权和被选举权，情节严重的，处3年以下有期徒刑、拘役或者剥夺政治权利。

《中华人民共和国治安管理处罚法》第二十三条规定，有下列行为之一的，处警告或者200元以下罚款；情节较重的，处5日以上10日以下拘留，可以并处500元以下罚款：……（五）破坏依法进行的选举秩序的。聚众实施前款行为的，对首要分子处10日以上

15日以下拘留，可以并处1000元以下罚款。

（摘自中共盐城市亭湖区纪律检查委员会官网，
2020年12月12日，有删改）

二　农村土地权益

什么是农村土地
农民集体所有的土地包括哪些

农村土地是指农民集体所有和国家所有依法由农民集体使用的耕地、林地、草地，以及其他依法用于农业的土地。

属于农村集体经济组织所有的土地包括：

（1）农村和城市郊区的土地，除由法律规定属于国家所有的以外，属于农民集体所有；

（2）宅基地和自留地、自留山，属于农民集体所有。农民在自留山、自留地上虽然可以进行经营并将所获得的产品归其个人所有，但是农民对该自留地、自留山并不享有所有权。

村民承包了村里的土地之后可以享有哪些权利

土地承包经营权是农民享有的一项非常重要的权利，也包含许多权利内容。《中华人民共和国农村土地承包法》《中华人民共和国民法典》等相关法律的规定，某农民作为承包经营户对承包土地享有以下权利：

（1）经营自主权与收益权。《中华人民共和国民法典》第三百三十一条对土地承包经营权的定义是：土地承包经营权人依法对其承包经营的耕地、林地、草地等享有占有、使用和收益的权利，有权从事种植业、林业、畜牧业等农业生产。也就是说，农民在从事农业生产经营过程中有权自行决定如何经营承包的集体土地，干什么、干多少、怎样干，都由承包人自己决定。同时，土地承包经营权人享有在承包的土地上进行经营活动后占有经营所得利益的权利。

（2）流转权。根据《中华人民共和国民法典》第三百三十四条、第三百三十五条、第三百三十六条等有关规定，在法律允许的范围内土地承包经营权人可以自主决定依法采取转让、互换、出租、入股或者其他方式向他人流转土地经营权，任何组织和个人不得强迫或者阻碍土地经营权流转。未经依法批准，不得将承包地用于非农建设。同时，《农村土地承包法》规定，流转期限不得超过承包期的剩余期限；流转的受让方须有农业经营能力或资质；在同等条件下，本集体经济组织成员享有优先权。

（3）获得补偿权。承包地被依法征收、征用、占用的，有权依法获得相应的补偿。根据《民法典》第二百四十三条的规定，征收集体所有的土地，应当依法及时足额支付土地补偿费、安置补助费以及农村村民住宅、其他地上附着物和青苗等的补偿费用，并安排被征地农民的社会保障费用，保障被征地农民的生活，维护被征地农民的合法权益。

因土地承包经营发生纠纷，村民可以通过哪些渠道解决

《中华人民共和国农村土地承包法》第五十五条规定，因土地承包经营发生纠纷的，双方当事人可以通过协商解决，也可以请求村民委员会、乡（镇）人民政府等调解解决。当事人不愿协商、调解或者协商、调解不成的，可以向农村土地承包仲裁机构申请仲裁，也可以直接向人民法院起诉。

什么是土地征收、征用制度
土地征收的程序是怎样的

土地征收是指为了公共利益的需要，国家把农民集体所有的土地强制征归国有；土地征用是指为了公共利益的需要，强制性地使用农民集体所有的土地。两者的区别主要在于：土地征收是所有权的改变，土地征用只是使用权的改变。国家为了公共利益

的需要，可以依照法律规定对土地实行征收或者征用并给予补偿。确立土地征收、征用制度，既是为了公共利益的需要，又是对农村集体所有土地在特殊情况下的一种保护。

土地征收的程序：由拟订土地所在地的县、市人民政府土地管理部门拟订征收土地方案，并组织征地报批的材料。征地方案拟订后，逐级上报至省人民政府或者国务院。市、县人民政府土地行政主管部门根据经批准的征用土地方案，会同有关部门拟订征地补偿、安置方案，在被征用土地所在地的乡（镇）、村予以公告，听取被征用土地的农村集体经济组织和农民的意见。征地补偿、安置方案报市、县人民政府批准后，由市、县人民政府土地行政主管部门组织实施。

被征用土地的所有权人、使用权人应当在公告期规定期限内，持土地权属证书到当地人民政府土地行政管理部门办理征地补偿手续。

征地补偿、安置方案公告应当包括哪些内容

征用土地公告应当包括下列内容：

（1）征地批准机关、批准文号、批准时间和批准用途；

（2）被征用土地的所有权人、位置、地类和面积；

（3）征地补偿标准和农业人员安置途径；

（4）办理征地补偿登记的期限、地点。

农民对征地补偿、安置方案有意见，应该怎么办

根据《征用土地公告办法》第九条规定，被征地农村集体经济组织、农村村民或者其他权利人对征地补偿、安置方案有不同意见的或者要求举行听证会的，应当在征地补偿、安置方案公告之日起10个工作日内向有关市、县人民政府土地行政主管部门提出。第十条规定，有关市、县人民政府土地行政主管部门应当研究被征地农村集体经济组织、农村村民或者其他权利人对征地补偿、安置方案的不同意见。对当事人要求听证的，应当举行听证会。确需修改征地补偿、安置方案的，应当依照有关法律、法规和批准的征收土地方案进行修改。

因此，对征地补偿、安置方案有意见的村民可以在征地补偿、

安置方案公告之日起10个工作日内向有关市、县人民政府土地行政主管部门提出诉求。

什么是宅基地 村民如何申请宅基地

农村宅基地是指农村的农户或个人用作住宅基地而占有、利用本集体所有的土地。包括已经建设房屋的土地、建过房屋但已无上盖物或不能居住的土地以及准备建房用的规划地三种类型。例如，农村村民的住房、附属用房（厨房、禽畜舍、厕所等）、沼气池（或太阳灶）和小庭院（或天井）用地，以及房前房后少量的绿化用地。

农村村民建住宅需要申请宅基地的，根据国土资源部《关于加强农村宅基地管理的意见》等相关文件的规定，一般来说，应按照如下七个步骤进行（由于我国各地情况有所不同，不同地区的规定可能略有差异）：

（1）符合申请宅基地条件的村民，应当向村民委员会或农村集体经济组织提出申请，并提交身份证、户口本等身份、年龄证明材料。

（2）村民委员会或农村集体经济组织应当及时组织召开会议，经村民会议或者农村集体经济组织全体成员讨论同意后，在本村张榜公示拟划定的宅基地，公示期限为10日。公示内容包括：户主名单、用地位置、面积和四至（地籍上每宗地四邻的名称）等。

（3）公示期满无异议的，由村民委员会或农村集体经济组织报乡（镇）国土资源部门及规划管理机构审查，并提交以下材料：①宅基地申请审批表；②申请人的户口本及家庭成年成员的身份证复印件；③拟划定的宅基地宗地图；④村民委员会会议或农村集体经济组织讨论结果公示情况的书面材料和说明；⑤其他需要提交的资料。

（4）由乡镇国土资源部门进行审查，审查内容包括申请资料是否真实完整，是否符合村民建房条件，并进行实地踏勘，审核通过的出具书面同意意见，并提交给乡镇人民政府审核。

（5）由乡镇人民政府审核，审核通过后出具书面同意意见，提交给区（县）国土资源局审核。

（6）由区（县）国土资源局审核，审核通过后在申请人所在村张榜公告5日，期满无异议的报区（县）人民政府批准。

（7）区（县）人民政府批准后，向村民发放集体土地用地批准书和乡村建设规划许可证。

一户农民可以申请几处宅基地

我国在宅基地问题上实行严格的“一户一宅”原则，即一户农民只能申请和拥有一处宅基地。《中华人民共和国土地管理法》第六十二条规定，农村村民一户只能拥有一处宅基地，其宅基地的面积不得超过省、自治区、直辖市规定的标准。

当然，“一户一宅”原则也有例外的情形，即当出现继承房屋和宅基地的情形时，一户拥有的宅基地可能会超过一处。根据《国土资源部关于进一步加快宅基地使用权登记发证工作的通知》规定，严格落实农村村民一户只能拥有一处宅基地的法律规定。除继承外，农村村民一户申请第二宗宅基地使用权登记的，不予受理。《关于农村集体土地确权登记发证的若干意见》对此作出了进一步的规定，已拥有一处宅基地的本农民集体成员、非本农民集体成员的农村或城镇居民，因继承房屋占用农村宅基地的，可按规定登记发证，在集体土地使用证的记事栏所在位置应注记“该权利人为本农民集体原成员住宅的合法继承人”。

在哪些情况下不能对宅基地确权

（1）一户多宅。“一户一宅”是最基本的宅基地政策，“一户一宅”即仅能对一处宅基地进行确权，村集体可以收回多出的宅基地。

（2）面积超标。宅基地面积超标时，仅能对合理使用面积进行确权，多出的面积将在翻盖或者重建房屋时，由村集体收回。

（3）城市居民继承的宅基地。城市居民对农村宅基地并无继承权，不过宅基地上面的房屋可以继承；该房屋不可翻盖、重建，当房屋自然消失时，村集体可以收回宅基地。

（4）城镇居民违规购买的宅基地。宅基地交易买卖只可在村集体内部进行，严禁城镇居民到农村购买宅基地。

（5）非法占据土地的宅基地。非新划分宅基地和原有合法宅基地，都属于非法占据，这种宅基地不但不给予确权，而且还会被收回。

（6）荒弃的宅基地。随着城乡发展的加快，就业机会的增加，不少农村人全家搬到城里，造成宅基地荒弃和浪费，村集体可以收回这类宅基地，但需要给予他们(指有地，但全家搬到城里居住的人)一定的经济补偿。

（7）村中“五保户”遗留宅基地。村中“五保户”遗留的宅基地，村集体可以收回。

（8）政府征地。政府征用农村土地以及宅基地进行修路、修建建筑和其他用途时，通过与农民进行协商、补偿后可以收回宅基地。

在以上八种情况中，宅基地只是可能被收回，不是强制收回。宅基地是否收回，还要考虑宅基地以往历史情况和目前状况等因素，其核心原则是最大限度保护农民的合法权益，确保政策的公平公正。

以案释法

可以在自家的承包地上建砖厂吗?

【案例简介】

2013年，老王向贵州赫章县市场监督管理局申请设立老王砖厂，企业性质为个人独资企业。在未取得土地使用手续的情况下，该厂违法占用赫章县妈姑镇砂石浪社区的农用地进行生产经营。

2014年下半年，该厂停止生产后空地上仍有若干废弃电杆、边缘处堆放若干砂石，现场未进行合理复垦治理。经赫章县自然资源局委托有资质的第三方公司测量后，该砖厂违法占用农用地的面积为0.1484公顷，违占地土地规划用途为基本农田。该砖厂占用农用地，停产后未及时对被占用的农用地进行生态修复的行为损害国家利益和社会公共利益。检察机关遂将该砖厂诉至法院。

法院根据查明的事实，主持调解，双方当事人一致达成以下意见。由被告老王砖厂于2022年8月31日前对被占用的农用地进行生态修复，由被告委托具有资质的第三方机构进行合格验收，并出具合格验收报告。若被告不能在上述期限内进行复垦修复或达不到验收标准，则被告缴纳生态修复费22260元，由赫章县自然资源局委托具有资质的第三方机构进行生态环境修复。

【与法同行】

我国是一个农业大国，农用土地的用途受到法律的严格管控，尤其是2021年国家出台了《农村土地经营权流转管理办法》，明确指出严格实行土地用途管制，加强对农村土地流转资源的保护。在此提醒广大农民朋友，即使是在自己承包的土地上，也不能非法随意占用。

【法条链接】

《中华人民共和国民法典》第三百三十四条规定，未经依法批准，不得将承包地用于非农建设。其他相关法律还规定，禁止占用耕地建窑、建坟或擅自在耕地上建房、挖砂、采石、采矿、取土等，如果擅自在承包地上建厂烧砖，就违反了法律规定，有关主管部门有权依法对其作出行政处罚。若建厂烧砖行为在获利同时还给承包地造成损害的，还要依法赔偿由此造成的损失。

（摘自咸宁县人民法院微信公众号，
2022年5月3日，有删改）

三　农村消费权益

常见的农村消费骗局有哪些

（1）非法集资、网络传销骗局。现今，非法集资、网络传销开始向农村蔓延。这些骗子打着“精准扶贫”“消费返利”的名义，派出专人给缺乏金融常识的农民“洗脑”，并在每个村扶持几个“骨干”发展下线。在刚开始的几个月，他们会按照约定的收益率给农民返现，并大肆宣传，吸引更多的人参加。不少人把一生积蓄全部投入进去，换来的却是平台倒闭、本金损失的结局，有的家庭甚至为此一夜倾家荡产。此类骗局迷惑性极强，一旦被“洗脑”，很难劝阻。

（2）保健养生骗局。随着生活水平的提高，农村人的保健意识也逐步提升，很多老人年纪大了，身体确实有着各种毛病，因为没有太强的辨别能力，加上推销员的花言巧语，很可能就会中圈套。很多人看到有“医生”上门服务，就都去接受诊断。这些“医生”装模作样诊断完毕并询问完病史后，便会推荐起所谓的“高科技治疗设备”。磁疗仪、红外线治疗机、纳米腰带等都是他们的道具，他们还会给村民免费试用。一些老人在心理暗示下，觉得自己的症状真的减轻了一些，便会主动掏钱购买。其实这些所谓的“高科技设备”成本很低，购买后，消费者就再也找不到那些“医生”了，因为他们都是“打一枪换一个地方”的流动作案团伙。

（3）做法事消灾骗局。骗子到某个村庄，一般会先以邻村人的身份与村民拉家常，打听一些村民的情况。然后换装，以道士、和尚等身份出现在他们已经打听完详细情况的村民家中，告诉这些村民他们家可能有血光之灾。如果村民不相信，他们便会说出一些村民家的往事(其实是已经事先打听好的)。并一再强调，他们只是路过，会免费帮忙做一场法事，算是行善积德。类似的还有街头算命、风水先生等。

（4）五天会销骗局。五天会销骗局是当下较为流行的连环骗，主要是利用人们爱贪小便宜的心理来行骗。第一天，骗子进村，打着给农民“送福利”“送温暖”的旗号，见人就发牙刷、毛巾等小礼品。第二天，履行承诺，给来的人都送礼品，不过礼品高级一些，比如暖水壶、炒锅之类。并告诉来领奖的人，明天准时来，还有免费东西送给大家。第三天，此时已经有很多人对这些骗子产生了信任，会拉上更多人早早地过来领奖品。人来之后，骗子不会马上送礼品，而是介绍一些公司的“新产品”，比如原价388元的电热毯，现在只需交100元就可以低价购买，领到的人只要明天带着电热毯过来，100元全部返还，礼品还照样归你所有，并辩称这样做的目的是要让更多有诚信的人来体验他们公司的产品。骗子承诺第四天在老时间、老地点继续送礼品。第四天，不管是之前买了的还是没买的人，全都过来看是否会退钱。等人到齐之后，骗子现场给拿着电热毯来的人每人返还100元，并且让他们把电热毯继续拿回家用。这样一来，很多没有交钱的人就后悔了，就争着抢着问明天还有没有活动，这时骗子就会说明天还有更大的惊喜。第五天，很多人满怀期待早早来到了老地点，骗子会找一个借口推荐其他“新产品”。比如，农村地区水质不好，易得病，今天送一款公司研发的高级净水器，原价1988元，现在仅需988元，限量200套，而且第二天988元全部返还。有了前几天的铺垫，很多人已经相信这是公司为了推广产品而采取的营销方式，争抢着交钱。大家兴高采烈地把净水器拿回家，等待第二天去领钱。而当第二天大家拿着净水器去老地点的时候，却再也等不到骗子了，因为他们已经跑路了。而所谓的988元的净水机等价值数千元的产品，其实成本也就几十块钱，是专门为行骗准备的道具。

“一经出售，概不退换”是否具有法律效力

《中华人民共和国消费者权益保护法》第二十六条规定，经营者不得以格式条款、通知、声明、店堂告示等方式，作出排除或者限制消费者权利、减轻或者免除经营者责任、加重消费者责任等对消费者不公平、不合理的规定，不得利用格式条款并借助技术手段强制交易。格式条款、通知、声明、店堂告示等含有前款所列内容的，其内容无效。

所谓“霸王条款”，是指一些经营者单方面制定的逃避法定义务、减免自身责任的不平等的格式合同、通知、声明和店堂告示或者行业惯例等，如“一经出售，概不退换”“特价商品不退不换”，此类条款不具备法律效力。

村民在遭遇不良商家逃避“三包”责任时，应该如何维权

农机产品的“三包”（包修、包换、包退）责任，是由产品

质量监督部门、工商行政管理部门、农业机械化主管部门就“三包”有关质量问题进行监管。具体而言，如果是生产者存在未按照法律规定明示“三包”期限或者明示的“三包”期限不符合法律规定的，由产品质量监督部门依法予以处理；如果是销售者未按照法律规定履行“三包”义务的，由工商行政管理部门依法予以处理；如果是维修者未按照法律规定履行“三包”义务的，由农业机械化主管部门依法予以处理。

当然，农机用户因“三包”责任问题与销售者、生产者、维修者发生纠纷的，我们建议按照公平、诚实信用的原则进行协商解决。通过协商无法解决问题的，农机用户可以直接向当地工商行政管理部门、产品质量监督部门或者农业机械化主管部门设立的投诉机构进行投诉，或者依法向消费者权益保护组织等反映情况。根据《中华人民共和国消费者权益保护法》第二十四条规定，经营者提供的商品或服务不符合质量要求的，消费者可以依照国家规定、当事人约定退货，或者要求经营者履行更换、修理等义务。没有国家规定和当事人约定的，消费者可以自收到商品之日起7日内退货；7日后符合法定解除合同条件的，消费者可以及时退货，不符合法定解除合同条件的，可以要求经营者履行更换、修理等义务。农机用户在与商家协商不成时，也可以采取向法院提起诉讼的方式维护自己的合法权益。

作为消费者，我们应该如何鉴别假冒伪劣商品

（1）认准商标标识。商标是商品的标记，我国名优商品都使用经国家登记注册的商标，假冒伪劣商品一般都是假冒名优商品。在印刷时，应在商标标识周围加上标记：“注册商标”“注”“®”，其中“®”为国际通用。假冒名优商品在外包装上多数没有商标标识，或“注册商标”“注”“®”等字样。真品商标为正规厂家印制，商标纸质好，印刷美观，考究精细，文字图案清晰，色泽鲜艳、纯正、光亮，烫金精细。而假冒商标是仿印真品商标，由于机器设备、印刷技术差，与真品商标相比，往往纸质较差，印刷粗糙，线条、花纹、笔画模糊，套色不正，光泽差，色调不分明，图案、造型不协调，版面不洁，无防伪标记。

（2）查看商品标识。《中华人民共和国产品质量法》第二十七条规定，产品或者其包装上的标识必须真实，并符合下列要求：

①有产品质量检验合格证明。

②有中文标明的产品名称、生产厂厂名和厂址。

③根据产品的特点和使用要求，需要标明产品规格、等级、所含主要成分的名称和含量的，用中文相应予以标明；需要事先让消费者知晓的，应当在外包装上标明，或者预先向消费者提供有关资料。

④限期使用的产品，应当在显著位置清晰地标明生产日期和安全使用期或者失效日期。

⑤使用不当，容易造成产品本身损坏或者可能危及人身、财产安全的产品，应有警示标志或者中文警示说明。裸装的食品和其他根据产品的特点难以附加标识的裸装产品，可以不附加产品标识。

（3）检验商品特有标记。部分名优商品在其特定部位还有特殊标记，如飞鸽、凤凰、永久三大国产名牌自行车，在车把、车铃、车座、车架、车圈等处均有特殊标记。部分名优烟、酒包装上的商品名称系用凹版印刷，用手触摸有凹凸感，而假冒商品名称在包装上字体较平，无凸凹感。

（4）检查商品生产厂名。一些传统名优商品，以地名命名商品名称的，往往同一种商品生产厂家很多，但正宗传统名优商品只有一家，因而要认准厂名。

（5）检查商品包装。名优商品包装用料质量好，装潢印刷规范，有固定颜色和图案，套印准确，图案清晰，形象逼真。而假冒伪劣商品一般包装粗糙，图案模糊，色彩陈旧，包装用料材质差。用真假商品对比，可以辨认。大多数名优商品包装封口，均采用先进机械封口，平整光洁，内容物不泄漏。而假冒伪劣商品无论是套购的真品包装，还是伪造、回收的包装，封口多为手工操作，不平整，常有折皱或裂口，如仔细检查封口处，大都能发现破绽。

（6）检查液体商品的透明度。除黄酒和药酒允许有正常的瓶底聚集物外，其他酒在常温下均为清亮透明，无悬浮物、无沉淀。用肉眼观察兑水的白酒，酒液浑浊不透明；兑水的啤酒，颜色暗淡不清亮透明。乳剂农药在正常情况下不分层、不沉淀。

（7）看商品的色泽。对农作物的种子和谷物，可看颜色是否新鲜而有光泽，籽粒大小是否均匀。卷烟烟丝应色泽油润而有光泽，受潮的烟丝则失去光泽、发暗。优质禽畜生肉，肌肉颜色鲜艳、有光泽，脂肪为白色；劣质肉品则颜色灰暗、无光泽，脂肪发灰、褐色。

（8）看商品的烧灼情况。粉剂农药取10克点燃后，如冒白烟，说明有效；若极易燃烧，且冒浓黑烟，说明是假农药。香烟烟支点燃后，能自燃40毫米以上者为正常，否则是受潮，或烟丝质量差。

（9）看商品的发霉、潮湿、杂质、结晶、形状、结构情况。药品和食品有发霉情况的应禁止销售和使用。粉状商品（如面粉、药粉、水泥等）出现团块的，表明受潮失效或变质。

（10）手感。手握饱满干燥的谷物及农作物的种子，应感到光滑顶手，插入种子堆（包）时阻力小，感觉发凉；如手握感到松软，插入时阻力大的，则籽粒不饱满，含水量大。检查香烟时，可用手捏，名牌条装烟从外面轻捏会感觉很硬；而冒牌条装烟里面往往是软纸包装的杂牌次烟，轻捏就觉得纸软。检查烟支时可用手捏，感到烟丝有弹性的为正常；手感疲软、容易弯曲的是受潮了，发脆的则是过于干燥了。

（11）听感。罐头有“漏听”或“胖听”的不能食用。“胖听”罐头盖部凸起，用手叩击能听到空虚鼓音。手搓香烟烟支，能听到轻微沙沙声是正常的表现；如果柔而无声则表明香烟已受潮，沙沙作响则是过于干燥了。

（12）嗅感。凡食品、药品鼻嗅有霉味、酸败味、异味的，马口铁罐头有金属味的，均不能再食用或服用。

（13）味感。真蜂蜜气味纯正、自然，香甜可口，有黏稠糊嘴感，有轻微的淡酸味，后味悠长，品尝结晶块时牙咬即酥，含之即化。假蜂蜜仔细品尝有苦涩味或化学品怪味，无芳香味，结晶块咀嚼如砂糖，声脆响亮。

（14）检查商品供货渠道。国家规定部分商品只能由特定部门经销。如国务院规定，各级农用物资公司是化肥流通主渠道，“三站”（农业植保站、土肥站、农技推广站）和化肥生产企业自销为化肥流通辅助渠道，其他任何单位和个人一律不得经营化肥。经销农作物种子要有“三证一照”（“三证”指检验种子质量的检验合格证、种子经营许可证和调入种子检疫证；“一照”指经销单位的营业执照）。经销食盐、香烟要有专卖许可证。

（15）检查商品认证标志。例如假冒进口彩电后盖上的商检安全标志从颜色、字体上看可以假乱真，但尺寸略小，而且没有防伪暗记。真皮标志的标牌分为两种规格：A 型，3.5 厘米 × 5 厘米，适用于皮鞋及小皮件；B 型，7 厘米 × 5 厘米，适用于皮衣及大皮件，而且在标版正面、反面共采取了6项保密措施，从而为识别真伪提供了有力的技术依据。

在农村商店购买到假冒伪劣商品时，应该如何维权

由于大多农村实体商店不向消费者提供购物凭证，也无购物记录，如果这时发生侵权事件，买到假冒伪劣商品，且消费者不能提供必要证据，维权起来相当困难。所以消费者在消费时需要注意查看商品保质期，擦亮眼睛，还要及时保留证据，消费时跟商家索要发票和收据，以免因在维权时拿不出必要证据而导致无法维权。

如果我们留有相关购货凭证，则可以按照下列步骤进行维权：第一，我们应该携带假冒商品及有关购物凭证到国家市场监督管理部门反映，请他们调查处理，帮助我们追回损失的货款。第二，如果是怀疑自己购买了假冒商品，那就要先请国家市场监督管理部门的有关专家或真品生产厂家帮助鉴别，确定是假冒商品后再作处理。如果当地已成立了消费者协会，消费者也可直接向消费者协会反映，请他们帮助鉴定、调查，使制售假冒商品的行为及时得到制止。

总之，消费者如果发觉自己购买了假冒商品，一定不要自认倒霉，而要及时向有关部门举报，这样就可以使假冒商品没有立足之地，既维护了广大农村消费者的利益，也维护了社会

正常的经济秩序。如果消费者觉得自己受到的损害重大，也可以直接向人民法院起诉，通过法律程序解决问题。

在电子商务平台购买到假冒伪劣商品时，应该如何维权

（1）如果我们在签收货品的时候就看出来收到的是假货，正确的做法为直接退货。而收到货后如发现是假货，要先跟卖家协商退款。

（2）如果卖家不同意退款，我们就要尽可能地收集有关假货的证据，如网购过程中的证据，包括宣传网页截图、聊天记录、付款记录、商家信息、订货单、发货凭证、发票等，为后期维权提供保障。一旦与商家发生纠纷，我们要积极维护自身权益。建议先通过平台客服发起维权投诉，提请平台客服介入调解、维权。而证据足够且有说服力的话，平台是会准许退款的，此时我们按照地址把货物退回去。如果卖家有假一赔三的承诺，我们还可以要求卖家进行三倍赔偿。同时，我们还应该在电商交易平台上举报卖家的假货商品，也可以通过向国家市场监督管理部门申诉举报、向消费者委员会组织投诉等方式维权。如果广大消费者网购遇到这些假冒伪劣商品后，便向该网购平台举报商家，并且向有关部门反映情况，便可以使其他消费者少上当受骗，共同营造出良好的消费环境。

网购中遇到诈骗或者交易中产生纠纷时，应该如何维权

（1）向网站平台投诉。各个大型购物网站都有自己的客户服务部门，处理各种交易纠纷。消费者可向网站平台提供假冒伪劣产品照片及聊天记录、交易记录等相关证据，进行投诉或举报。有刑事犯罪嫌疑的，各个大型购物网站还将向公安机关及时反映情况。

（2）网上报案。一旦遇到网购诈骗，消费者应及时向公安部门报案。为避免更多消费者上当受骗，已受骗的消费者要及时向公安部门报案，请求公安部门去查封网站和骗子的手机电话及银行账号。消费者可向各地公安局网监处报案，也可电话报警。

（3）向消费者协会投诉。与普通商品一样，网上购买商品时发生消费纠纷，也可向省、市消费者协会投诉。网上购物存在风险，消费者要尽量索取购物凭证或保存交易协议（包括电子版）等相关证据。网上购物的实际经销商大多数是外地公司，收货时要留意查看票据的公章。如果就已购商品发生纠纷，应按属地管辖原则，向票据盖章单位所在地的有关部门投诉。

（4）向快递公司投诉。有时网购商品是在寄送环节出了问题，并非商家有意欺骗，商品受损也应由快递公司承担责任，这时消费者就可以打电话投诉快递公司。在国家邮政局等网站上有专门的投

诉平台，可以及时处理每宗投诉。

（5）向行政管理部门投诉。消费者可以根据投诉商品或服务的性质，向工商部门（12315）、质检部门（12365）、食品药品部门（12331）、物价部门（12358）等投诉。

（6）向市民服务热线（12345）投诉。各地政府部门为加强公共服务，设立了市民服务热线。市民拨打热线后，受理员会将投诉及时转交给相关部门办理。相关部门办理后会回复市民。因为相关部门还必须将办理结果反馈给市民服务热线，纳入考核，所以投诉一般能得到较好解决。

农民买到假、劣种子时能否得到赔偿，这种情况应该怎么办

农民购买、使用直接用于农业生产的生产资料，适用《中华人民共和国消费者权益保护法》的相关规定。购买了假、劣种子后，受害农民可以根据《中华人民共和国消费者权益保护法》向售假者提出双倍索赔要求。

一旦发现种子有质量问题，购买者应马上采取措施，先将剩余的种子封存，留做鉴定时用。如果能进行现场拍照，最好及时拍下受害情况。留存证据后，双方可协商解决。协商不成，双方或一方可以向当地农业局种子管理站提出申请，请求协助解决。受害方也可以直接向人民法院提起民事诉讼。

什么样的农药属于通常所说的假、劣农药

假、劣农药是简洁、省略的说法，根据法律的规定，它们都是国家禁止生产、经营和使用的。

《农药管理条例》第四十四条规定，有下列情形之一的，认定为假农药：

（1）以非农药冒充农药；

（2）以此种农药冒充他种农药；

（3）农药所含有效成分的种类与农药的标签、说明书标注的有效成分不符。

《农药管理条例》第四十五条规定，有下列情形之一的，认定为劣质农药：

（1）不符合农药产品质量标准；

（2）混有导致药害等有害成分。

超过农药质量保证期的农药，按照劣质农药处理。

农民购买到假、劣农药时，应该如何维护自己的权益

农民买到假、劣的农药时，首先要保留农药购买发票、产品原样和农药使用造成危害程度证明结果，保留现场等待专家鉴定或提供有资质单位的鉴定证明。

鉴定结果出来后，农药是假、劣产品的，可向农业、工商、质检等部门投诉，书面投诉要详细写明农药购买时间和农资经营店的名称、地址和经营者的电话；农药的名称、生产厂家、生产日期和有效期；质量问题发生的时间、质量问题的表现及其原因；要求赔偿的方式、数额；受害人的姓名、地址、联系方式等，并随信附上购物发票（复印件）等证据。经调查属实，农业、工商、质检等部门将依法对违规单位进行行政处罚。

农民可以根据假、劣农药使用后的受害情况，直接向当地人民法院提起民事诉讼，要求赔偿，也可在农业、工商、质检等部门协调赔偿未果后向人民法院提起民事诉讼，要求给予经济赔偿。

以案释法

虚假宣传？退一赔三！

【案例简介】

被告何某在某网络购物平台注册店铺并进行直播销售，原告董某通过该直播间先后购买了4块钟表。收到货物后，董某怀疑其中两块钟表的镶嵌物为假蓝宝石，并自行前往检验机构进行检验。检验结果显示，A钟表的镶嵌物是玻璃材质，B钟表的镶嵌物是合成蓝宝石，与何某在直播时宣传的A钟表和B钟表镶嵌真蓝宝石的情况不一致。董某认为何某在销售商品时存在虚假宣传，要求其承担退一赔三的赔偿责任。

董某与何某就退货退款问题进行了协商，某网络购物平台也就涉案商品与何某进行了相应的沟通与处理，在此过程中，董某将涉案的4块钟表寄回给何某。后因协商不成，董某将何某及其直播平台的提供者——某网络有限公司一同告上法庭。庭审中，董某提交了珠宝玉石首饰鉴定证书，并向法院提出鉴定申请。何某提交维修单4张，显示涉案4块钟表为原装正品，但是拒绝参加鉴定。经依法审理，法院判决被告何某退还原告董某货款19400元，给付原告董某赔偿款40200元，驳回原告董某的其他诉讼请求。

【与法同行】

虚假宣传的常见套路有：一是美化商品特征，夸大商品效能，吸引消费者的关注；二是假冒优质商品产地做广告，欺诈消费者；三是在广告中任意变换商品价格，借以招徕顾客，损害消费者的利益等。此外，近年来保健市场虚假宣传的事例不在少数，大多都是通过赠送免费礼品、安排免费旅游、假借公益吸引老年人听“专家”讲座、现身说法等方式招徕老年人购买产品。

在此提醒广大农民朋友，除自身提高警惕以外，也要多多提醒家中小孩和老年人，切勿上当受骗。

“假一赔三”的法律依据是《中华人民共和国消费者权益保护法》。此法规定，经营者提供商品或者服务有欺诈行为的，应当按照消费者的要求增加赔偿其受到的损失，增加赔偿的金额为消费者购买商品的价款或者接受服务的费用的三倍。

【法条链接】

《中华人民共和国消费者权益保护法》第五十五条规定，经营者提供商品或者服务有欺诈行为的，应当按照消费者的要求增加赔偿其受到的损失，增加赔偿的金额为消费者购买商品的价款或者接受服务的费用的三倍；增加赔偿的金额不足500元的，为500元。法律另有规定的，依照其规定。

（摘自本溪市中级人民法院官方澎湃号，
2022年3月15日，有删改）

四　劳动就业权益

农民外出务工需具备哪些条件、需要办理哪些手续

农民外出务工需要具备的条件：

（1）达到法定的就业年龄，有劳动能力。一般工种必须年满16岁；从事国家规定的特殊工种，如有毒有害工种、繁重体力劳动工种必须年满18岁。

（2）身体健康，具有良好的道德品质，具备必要的职业技能。

（3）具有独立承担民事责任的能力，并且不因外出而影响其承担的法律责任和义务。

（4）省劳动行政管理部门或其他授权的地方劳动行政部门规定的其他条件。

农民外出务工，需要办理的手续：

（1）本人的居民身份证；

（2）劳动部门出具的外出人员就业登记卡；

（3）婚育状况证明，育龄妇女外出的，须办理计划生育证，夫妻一同外出的，要携带结婚证；

（4）最高学历毕业证书、职业资格证书、特种作业人员操作证等，以便向用工单位提供学历证明、展示技术特长等。

什么是劳动合同
农民工打工时需要签订劳动合同吗

《中华人民共和国劳动法》第十六条规定，劳动合同是劳动者与用人单位确立劳动关系、明确双方权利和义务的协议。建立劳动关系应当订立劳动合同。

劳动合同是双方维护各自合法权益的法律保障，是处理劳动关系争议的直接证据和依据，是农民工在求职路上的“护身符”。

用人单位招收农民工同样要与农民工签订劳动合同。劳动合同依法订立即具有法律约束力。

农民工在签订劳动合同前，应审查用人单位的用人主体资格，并查看用人单位是否有营业执照、是否有年审记录等。

农民工的劳动合同期限可以约定多长时间

用人单位招用的农民工，其劳动合同期限可以由用人单位和农民工协商确定。但对于从事矿山、井下及其他有害身体健康的工作、岗位的农民工，实行定期轮换制度，且合同的期限最长不超过8年。

劳动合同应具备哪些内容
哪些劳动合同无效

根据《中华人民共和国劳动法》第十九条规定，劳动合同应当以书面形式订立，并具备以下条款：

（1）劳动合同期限。指劳动合同效力所及的时间长度，即劳动合同的有效期限。

（2）工作内容。指劳动法律关系所指向的对象，即劳动者具体所从事劳动的种类和内容。

（3）劳动条件。指用人单位对劳动者从事某项劳动提供的必要条件，包括劳动保护条件和其他劳动条件。前者指用人单位为了防止劳动过程中的事故，保障劳动者的生命安全和健康而采取的各种措施；后者主要指用人单位为使劳动者顺利完成劳动合同约定的工作任务，为劳动者提供的必要的物质和技术条件。

此外，劳动合同上还应有劳动报酬、劳动纪律、劳动合同终止的条件、违反劳动合同的责任及其他约定内容等，应当清楚写明双方的权利和义务。

根据《中华人民共和国劳动合同法》第二十六条规定，下列劳动合同无效或者部分无效：

（1）以欺诈、胁迫的手段或者乘人之危，使对方在违背真实意愿的情况下订立或者变更劳动合同的。

（2）用人单位免除自己的法定责任、排除劳动者权利的。

（3）违反法律、行政法规强制性规定的。

农民工遭遇拖欠和克扣工资的情况时，应该怎样维权

若用人单位拖欠工资，农民工在维权之前一定要注意收集证据，这些证据包括能证明存在劳动关系的证据和能证明本人在该单位上班的证据。如劳动合同、单位的工作证、上岗证、考勤记录、工友的证明、以前单位支付工资的工资单或银行交易记录、与老板的电话录音等。根据有关规定，农民工朋友可以从以下几个方面进行维权：

（1）双方自行协商解决。当事人双方在自愿的基础上进行协商，达成协议，解决工资拖欠的问题。

（2）调解。如果双方不愿自行协商或达不成协议的，可自愿申请企业劳动争议调解委员会调解。如广州市、区两级地方工会已建立了劳动争议调解委员会，也可以向企业所在地的地方工会劳动争议调解委员会申请调解。

（3）举报或投诉。农民工朋友可以找当地人社、劳动监察部门举报或者投诉；也可以拨打12345市民服务热线，反映自己工资被拖欠或被克扣的情况；还可以去建设主管部门、工会、共青团、妇联、残联等组织部门举报投诉。同时，也可以找当地新闻媒体，将拖欠工资的单位或个人进行曝光。

（4）找公安机关或拨打110报案。公安机关负责的范围是刑事案件的侦查和社会治安案件的处理。一般来说，拖欠农民工工资非常严重的可以被立案侦查，公安机关会对此进行受理。若因农民工工资拖欠引发了社会治安案件，也可以拨打110报案。

（5）向法院申请支付令。依据《中华人民共和国劳动合同法》第三十条规定，用人单位拖欠或者未足额支付劳动报酬的，劳动者可以依法向当地人民法院申请支付令，人民法院应当依法发出支付令。

（6）到当地劳动仲裁委员会申请劳动仲裁。农民工朋友通过劳动仲裁下达的裁决书向单位索赔，如果单位仍不赔，可申请法院强制执行。注意这种方法的适用是从拖欠工资发生之日起一年内提出申请仲裁。

（7）诉讼。如果劳动仲裁不予受理或者不服仲裁裁决的，农民工可以在15天内向法院提起民事诉讼，直接通过法院判决执行。

劳动合同被确认无效后，用人单位应该如何补偿农民工

劳动合同被确认无效后，用人单位对农民工付出的劳动，一般可以参照本单位同期、同工种、同岗位的工资标准支付劳动报酬。

如果是由于用人单位的原因订立的无效合同，给农民工造成损害的，应当比照违反和解除劳动合同经济补偿金的支付标准，赔偿农民工因劳动合同无效所造成的经济损失。

劳动者在什么情况下有权获得经济补偿

根据《中华人民共和国劳动法》第二十八条内容：用人单位依照本法第二十四条、二十六条、二十七条的规定解除劳动合同的，应当依照国家有关规定给予经济补偿。用人单位在下列情况下解除劳动合同的，应当依照国家有关规定给予经济补偿。

（1）经劳动合同当事人协商一致，由用人单位解除劳动合

同的；

（2）劳动者患病或非因工负伤，医疗期满后，不能从事原工作也不能从事由用人单位另行安排的工作的；

（3）劳动者不能胜任工作，经过培训或者调整工作岗位，仍不能胜任工作的；

（4）劳动合同订立时所依据的客观情况发生重大变化，致使原劳动合同无法履行，经当事人协商不能就变更劳动合同达成协议的；

（5）由于用人单位依法进行经济性裁员而被解除劳动合同的。

根据《中华人民共和国劳动法》第九十一条规定，用人单位有下列侵害劳动者合法权益情形之一的，由劳动行政部门责令支付劳动者工资报酬、经济补偿，并可以责令支付赔偿金：

（1）克扣或者无故拖欠劳动者工资的；

（2）拒不支付劳动者延长工作时间工资报酬的；

（3）低于当地最低工资标准支付劳动者工资的；

（4）解除劳动合同后，未依照本法规定给予劳动者经济补偿的。

另外，《中华人民共和国劳动合同法》规定，用人单位应当支付经济补偿的19种情形如下：

（1）劳动者解除劳动合同，用人单位应当支付经济补偿金的8种情形：①用人单位未按照劳动合同约定提供劳动保护或者劳动条件的；②用人单位未及时足额支付劳动报酬的；③用人单位低于当地最低工资标准支付劳动者工资的；④用人单位未依法为劳动者缴纳社会保险费的；⑤用人单位的规章制度违反法律、法规的规定，损害劳动者权益的；⑥用人单位以欺诈、胁迫的手段或者乘人之危，使劳动者在违背真实意愿的情况下订立或者变更劳动合同的；⑦用人单位以暴力、威胁或者非法限制人身自由的手段强迫劳动者劳动的；⑧用人单位违章指挥、强令冒险作业危及劳动者人身安全的。

（2）用人单位解除或终止劳动合同，应当向劳动者支付经济补偿金的11种情形：①用人单位提出协商解除劳动合同，并与劳动者协商一致而解除劳动合同的；②劳动者患病或者非因工负伤，在规定的医疗期满后不能从事原工作，也不能从事由用人单位另行安排的工作，用人单位提前30日通知劳动者解除劳动合同的；③劳动者不能胜任工作，经过培训或者调整工作岗位，仍不能胜任工作，用人单位提前30日通知劳动者解除劳动合同的；④劳动合同订立时所依据的客观情况发生大变化，致使劳动合同无法履行，经用人单位与劳动者协商，未能就变更劳动内容达成协议，用人单位提前30日通知劳动者解除劳动合同的；⑤用人单位照企业破产法规定进行重整，依法裁减人员的；⑥用人单位生产经营发生严重困难，依法裁减人员的；⑦企业转产、重大技术革新或者经营方式调整，经变更劳动合同后，仍需裁减人员的；⑧其他因劳动合同订立时所依据的客观经济情况发生重大变化，致使劳动合同无法履行，用人单位依法裁减人员的；⑨劳动合同期满，劳动者同意续订劳动合同而用人单位不同意续订劳动合同，由用人单位终止固定期限劳动合同的；⑩因用人单位被依法宣告破产终止劳动合同的；⑪因用人单位被吊销营业执照、责令关闭、撤销或者用人单位提前解散而终止劳动合同的。

劳动者在哪些情形下能够单方面解除劳动合同

《中华人民共和国劳动合同法》第三十八条规定，用人单位有下列情形之一的，劳动者可以解除劳动合同：

（1）未按照劳动合同约定提供劳动保护或者劳动条件的；

（2）未及时足额支付劳动报酬的；

（3）未依法为劳动者缴纳社会保险费的；

（4）用人单位的规章制度违反法律、法规的规定，损害劳动者权益的；

（5）因本法第二十六条第一款规定的情形致使劳动合同无效的；

（6）法律、行政法规规定劳动者可以解除劳动合同的其他情形。

用人单位以暴力、威胁或者非法限制人身自由的手段强迫劳动者劳动的，或者用人单位违章指挥、强令冒险作业危及劳动者人身安全的，劳动者可以立即解除劳动合同，不需事先告知用人单位。

用人单位违反约定解除劳动合同时，应该如何赔偿农民工

用人单位违反规定或者劳动合同的约定解除劳动合同，对农民工造成损害的，应赔偿农民工损失，并按下列标准进行赔偿：

（1）造成农民工工资收入损失的，按农民工本人应得工资收入支付给农民工，并加付应得工资收入25%的赔偿费用；

（2）造成农民工劳动保护待遇损失的，应按国家规定补足农民工的劳动保护津贴和用品；

（3）造成农民工工伤、医疗待遇损失的，除按国家规定为农民工提供医疗、工伤待遇外，还应支付农民工相当于医疗费用25%的赔偿费用；

（4）造成女职工和未成年职工身体健康损害的，除按国家规定提供医疗期间的医疗待遇外，还应支付相当于医疗费用25%的赔偿费用；

（5）劳动合同约定的其他赔偿费用。

以案释法

员工工作期间给顾客造成财产损失，赔偿由谁承担？

【案例简介】

李某是某汽修公司的一名汽车维修工人。2019年8月，案外人张先生将自己的一辆四驱汽车交由该汽修公司进行保养。李某在保养过程中，误将分动箱油加入变速箱内，且在排空分动箱残油后，未再对分动箱加油保养。保养结束，李某及汽修公司其他工作人员均未发现该问题。案外人张先生接收车辆后，因分动箱内无油，车辆在行驶途中发生故障。事故发生后，在汽修公司法定代表人的参与下，由李某作为公司代理人与案外人张先生签订赔偿协议，约定赔偿张先生车辆维修费用及其他经济损失共3万元，并由汽修公司法定代表人向张先生足额转付了该赔偿款。后李某自汽修公司离职，汽修公司将李某诉至法院，以该笔赔偿是李某的过错所导致，且以协议为李某与案外人张先生签订为由，要求李某向汽修公司返还由公司垫付的赔偿款3万元。

法院认为，根据《中华人民共和国民法典》相关规定，用人单位的工作人员因执行工作任务造成他人损害的，由用人单位承担侵权责任。李某在执行工作任务中给顾客造成的财产损失，系职务行为侵权，应当由汽修公司负责赔偿。虽然赔偿协议由李某签订，但李某的实际身份为汽修公司的代理人，且签订的协议也由汽修公司实际履行。因此，不能以李某实际签订协议为由，认定李某为赔偿义务人。双方当事人争议的另一焦点在于，汽修公司向案外人张先生赔偿后，是否有权向李某进行追偿。职务行为侵权，由用人单位承担赔偿责任这一原则，是为了避免用人单位利用不合理的风险转嫁手段，损害劳动者合法权益。但是，如果劳动者对损害的发生存在故意或者重大过失，为了保障用人单位正常经营管理、引导劳动者在工作中保持谨慎、勤勉的工作态度，应当对劳动者的过错进行规制。

汽修公司并无证据证明李某的错误加油行为出于故意。至于李某是否存在重大过失，应该结合车辆的维修难度和李某的技术水平综合判断。案外人张先生车辆受损的原因为分动箱加油错误，而更换油品属于汽车保养的基础项目，不需要高难度维修技术。李某自2018年即从事车辆维修工作，油品更换错误应当属于疏忽大意，而非技术不足导致。李某的行为应当被认定为工作中的重大过失，应当向汽修公司承担一定的赔偿责任。与此同时，汽修公司也应该通过技术和制度的安排，来最大限度地保证车辆维修后的安全性。在本案中，汽修公司将车辆交由李某一人进行多项保养维修，并由李某一人对车辆维修后的状态进行试车，不利于发现维修工作中的失误。汽修公司向李某提供了分动箱油、变速箱油两种油品后，也未发现李某在保养期间并未使用变速箱油这一情况。因此，汽修公司在车辆维修保养工作的监督管理制度上存在缺陷，同样应对该项损失负有一定责任。

法院认为，即使用人单位因劳动者的重大失误产生经济损失，也属于正常经营风险的一部分，不可将风险全部转嫁给劳动者，而应当结合工作难度、过错程度、工资报酬、管理制度等多项因素综合判断。要求劳动者承担赔偿的目的，也并非完全填补用人单位的侵权赔偿，而是通过惩罚，督促劳动者在后续工作中提高警惕，引以为戒。结合李某在汽修公司每月3500元的工资收入，并综合考虑赔偿协议约定内容后，法院判决李某向汽修公司赔偿5000元。

【与法同行】

劳动关系作为一种特殊的民事法律关系，既要遵循基本的自愿、平等原则，又要基于对劳动者生存权保障和整体就业环境健康性的考虑，在一定程度上对劳动者倾斜保护。如劳动者因严重失职给用人单位造成重大损失，单位可依法与劳动者解除劳动关系。但在损失赔偿上，《中华人民共和国民法典》等一系列规范性法律的规定，在一定程度上赋予了劳动者损失赔偿上的“职业豁免权”。只有这样，才能避免劳动者因担心承担全额赔偿风险，而在具有一定风险性的工作中畏手畏脚，从而真正激发出劳动者工作的创造性和积极性，推动整个社会健康有序地发展。

【法条链接】

《中华人民共和国民法典》第一千一百九十一条规定，用人单位的工作人员因执行工作任务造成他人损害的，由用人单位承担侵权责任。用人单位承担侵权责任后，可以向有故意或者重大过失的工作人员追偿。

（摘自烟台高新区法院官方澎湃号，2022年5月18日，有删改）

五　社会保障权益

什么是“新农合”

“新农合”是新型农村合作医疗的简称，是指由政府组织、引导、支持，农民自愿参加，个人、集体和政府多方筹资，以大病统筹为主的农民医疗互助共济的社会保障制度。采取个人缴费、集体扶持和政府资助的方式筹集资金。“新农合”是由我国农民（具有农业户口的居民）自己创造的互助共济的医疗保障制度，在保障农民获得基本卫生服务、缓解农民因病致贫和因病返贫方面发挥了重要作用。

“新农合”的报销范围有哪些，报销标准是怎样的

“新农合”的报销范围包括：参加人员在统筹期内因病在定点医院住院诊治所产生的药费、检查费、化验费、手术费、治疗费、护理费等符合城镇职工医疗保险报销范围的部分（即有效医药费用）。

“新农合”基金支付设立起付标准和最高支付限额。医院年起付标准以下的住院费用由个人自付。同一统筹期内达到起付标准的，住院两次及两次以上所产生的住院费用可累计报销。超过起付标准的住院费用实行分段计算，累加报销，每人每年累计报销最高限额报销标准如下：

（1）门诊补偿。

村卫生室及村中心卫生室就诊报销60%，每次就诊处方药费限额10元，卫生院医生临时补液处方药费限额50元；镇卫生院就诊报销40%，每次就诊各项检查费及手术费限额50元，处方药费限额100元；二级医院就诊报销30%，每次就诊各项检查费及手术费限额50元，处方药费限额200元；三级医院就诊报销20%，每次就诊各项检查费及手术费限额50元，处方药费限额200元；中药发票附上处方每贴限额1元；镇级合作医疗门诊补偿年限额5000元。

（2）住院补偿。

①报销范围：一是药费，辅助检查如心脑电图、X光透视、

拍片、化验、理疗、针灸、CT（电子计算机断层扫描）、核磁共振等各项检查费，限额200元；手术费（参照国家标准，超过1000元的按1000元报销）。二是60周岁以上老人在镇卫生院住院，治疗费和护理费每天补偿10元，限额200元。

②报销比例：镇卫生院报销60%，二级医院报销40%，三级医院报销30%。

（3）大病补偿。

①镇风险基金补偿：凡参加合作医疗的住院病人一次性或全年累计应报医疗费超过5000元以上分段补偿，即5001～10000元补偿65%，10001～18000元补偿70%；镇级合作医疗住院及尿毒症门诊血透、肿瘤门诊放疗和化疗补偿年限额1.1万元。

②“新农合”基金报销支付特殊病种有：恶性肿瘤化疗、放疗；重症尿毒症的血透和腹透；组织或器官移植后的抗排异反应治疗；精神分裂症伴精神衰退；系统性红斑狼疮（有心、肺、肾、肝及神经系统并发症之一者）；再生障碍性贫血；心脏手术后抗凝治疗。其余可报销的特殊病种，以当地具体政策为准。特殊病种的特定门诊治疗包括治疗期间必需的支持疗法和全身、局部反应对症处理，一般辅助治疗不列入报销范围。

什么是“新农保”

“新农保”是新型农村社会养老保险的简称，是以保障农村居民年老时的基本生活为目的，由政府组织实施的一项社会养老保险制度，是国家社会保险体系的重要组成部分。养老待遇由社会统筹与个人账户相结合，与家庭养老、土地保障、社会救助等其他社会保障政策措施相配套，建立个人缴费、集体补助、政府补贴相结合的筹资模式。

目前，我国农村居民参加“新农保”条件非常宽松，只要是年满16周岁且没有参加城镇基本养老保险的农村居民都可以参保。《国务院关于开展新型农村社会养老保险试点的指导意见》规定，年满16周岁（不含在校学生）、未参加城镇职工基本养老保险的农村居民，可以在户籍地自愿参加“新农保”。

其中，在“新农保”实施时已经年满60周岁、未享受城镇职工基本养老保险待遇的农民，不用缴费，可以按月领取基础养老金，但其符合参保条件的子女应当参保缴费；距领取年龄不足15年的，应按年缴费，也允许补缴，累计缴费不超过15年；距领取年龄超过15年的，应按年缴费，累计缴费不少于15年。

农民如何参加“新农保”

国家为每个“新农保”参保人建立终身记录的养老保险个人账户，农民只需选择相应的缴费档次逐年按期缴费即可。个人缴费，集体补助及其他经济组织、社会公益组织、个人对参保人缴费的资助，地方政府对参保人的缴费补贴，全部记入个人账户。

个人账户储存额目前每年参考中国人民银行公布的金融机构人民币一年期存款利率计息。《国务院关于开展新型农村社会养老保险试点的指导意见》规定，“新农保”基金由个人缴费、集体补助、政府补贴构成。

（1）个人缴费：个人缴费标准目前设置为每年100元、200元、300元、400元、500元、600元、700元、800元、900元、1000元、1500元、2000元12个档次，各地可根据实际情况增设缴费档次，由参保人自主选择缴费档次。

（2）集体补助：有条件的村集体应该对参保人给予补助，补助标准由村民委员会召开村民会议民主确定。鼓励其他经济组织、社会公益组织、个人为参保人缴费提供资助。

（3）政府补贴：地方政府对参保人缴费给予的补贴标准不低于30元/人/年，对选择较高档次标准缴费的给予适当的鼓励；对农村重度残疾人等缴费困难群体，地方政府为其代缴全部或部分最低标准的养老保险费。

“新农保”的基本原则是什么
怎么办理和查询“新农保”

“新农保”的基本原则是保基本、广覆盖、有弹性、可持续。其特点一是从农村实际出发，低水平起步，筹资和待遇标准要与经济发展及各方面承受力相适应；二是个人、集体、政府合理分担责任，权利与义务相适应；三是政府引导和农民自愿相结合，引导农民普遍参保；四是先行试点，逐步推开。

“新农保”采取社会统筹与个人账户相结合的基本模式和个人缴费、集体补助、政府补贴相结合的筹资方式。满60周岁以上的农村居民个人不再缴费，直接享受中央财政补助的基础养老金，但其符合参保条件的子女应当参保缴费。也就是说，只有年满60周岁的农村老年人，并且其符合条件的子女参保缴费，才可享受政府发放的基础养老金，这既是政府组织引导下的农民自愿参加，又是待遇享受的必要条件。

“新农保”办理流程：

（1）个人申请。农村居民携带户口本、二代居民身份证原件和复印件到户籍所在地村（居）委会提出参加“新农保”申请，选择缴费档次，填写新型农村社会养老保险参保登记表（以下简称参保登记表）一式二份。

（2）村协理员检查。村协理员负责检查参保登记表、农村户籍老年人家庭社会关系表是否填写完整，填写的姓名、二代居民身份证号码等信息是否准确，是否有个人签字或盖章、按手印，检查参保人员提供的相关材料是否齐全，检查无误后，在参保登记表上签字，加盖村（居）委会公章，附上参保人员本人二代居民身份证和户口本复印件等材料，然后上报乡镇劳动保障事务所。

（3）乡镇初审。乡镇劳动保障事务所对村里上报的参保登记有关材料进行初审，审核无误后，经办人员在参保登记表上签字，加盖乡镇保障事务所公章，及时将参保人员的基本信息录入“新农保”信息系统，将参保登记表、二代居民身份证和户口本复印件等材料上报县农保中心。

（4）县农保中心复核。县农保中心收到乡镇上报的参保登记有关材料后及时进行复核，无误后，对乡镇劳动保障事务所录入的参保人员基本信息进行确认，为参保人员建立个人账户；在参保登记表签字、盖章，将有关材料归档备案。

查询“新农保”的方式：参保人可到乡（镇）劳动保障事务所打印“新农保”个人账户明细表，或登录社会保障网站查询、下载本人的个人账户记账明细等相关信息，也可通过12333电话查询系统查询相关信息。

村民参加“新农保”后，出现断缴费用会导致什么后果

《国务院关于开展新型农村社会养老保险试点的指导意见》规定，“新农保”制度实施时，已年满60周岁、未享受城镇职工基本养老保险待遇的，不用缴费，可按月领取基础养老金，但其符合参保条件的子女应当参保缴费；距领取年龄不足15年的，应按年缴费，也允许补缴，累计缴费不超过15年；距领取年龄超过15年的，应按年缴费，累计缴费不少于15年。具体办法由省（区、市）人民政府规定。

根据上述规定可以得知，应当区分情况进行不同的处理。首

先，对于不满45周岁的即距离领取年龄超过15年的，累计缴费不得少于15年，因此只要累计缴费能够缴满15年，断缴并不会对将来领取养老金有影响，只会影响将来领取养老金的数额，因为缴纳的钱数少了自然领取的也会相应少一些。其次，对于年龄在46～59周岁之间的农村居民，缴费不足15年的，一方面可按实际年限缴费，另一方面也可以补缴至15年，在这种情况下尽量不要断缴，因为剩余年限已经不满15年，如果断缴，可能会对将来领取养老金产生影响。

什么是失业保险
满足怎样的条件才能申领失业保险

失业保险是指国家通过立法强制实行的，由社会集中建立基金，对因失业而暂时中断生活来源的劳动者提供物质帮助进而保障失业人员失业期间的基本生活，促进其再就业的制度。

申领失业保险金应具备的条件：

（1）按照规定参加失业保险，所在单位和本人已按照规定履行缴费义务满1年。

（2）非因本人意愿中断就业，即失业人员不愿意中断就业，但因本人无法控制的原因而被迫中断就业。人力资源和社会保障部发布的《失业保险金申领发放办法》对哪些情形属于非因本人意愿中断就业作了规定，主要包括：①终止劳动合同的；②被用人单位解除劳动合同的；③被用人单位开除、除名和辞退的；④用人单位违法或违反劳动合同导致职工辞职。出现上述情形造成职工失业的，职工有权申领失业保险金。

（3）已办理失业登记，并有求职要求。办理失业登记是为了掌握失业人员的基本情况，确认其资格。须有求职要求，是考虑到失业保险的一个重要功能是促进失业人员再就业。这是享受失业保险待遇的一个前提，也是失业人员应尽的义务。

另外，失业保险金还有领取期限规定：

（1）累计缴费时间满1年不足2年的，可以领取6个月的失业保险金；

（2）累计缴费时间满1年不足5年的，最长能够领取12个月的失业保险金（累计缴费时间每增加1年，领取失业保险金的期限增加2个月；但最长不得超过12个月）；

（3）累计缴费时间满5年不足10年的，最长能够领取18个月的失业保险金；

（4）累计缴费时间满10年以上的，最长能够领取24个月的失业保险金。

什么是工伤保险
工伤保险包括哪些待遇

工伤保险是关于劳动者在工作中遭受事故伤害或患职业病后

受伤、患病、致残或死亡时，依照国家有关规定，可以获得医疗救治、经济补偿和职业康复的权利的一种社会保险。

根据《国务院关于解决农民工问题的若干意见》第十七条要求，依法将农民工纳入工伤保险范围。各地要认真贯彻落实《工伤保险条例》。所有用人单位必须及时为农民工办理参加工伤保险手续，并按时足额缴纳工伤保险费。在农民工发生工伤后，要做好工伤认定、劳动能力鉴定和工伤待遇支付工作。未参加工伤保险的农民工发生工伤，由用人单位按照工伤保险规定的标准支付费用。当前，要加快推进农民工较为集中、工伤风险程度较高的建筑行业、煤炭等采掘行业参加工伤保险。建筑施工企业同时应为从事特定高风险作业的职工办理意外伤害保险。

什么是医疗救助
哪些人员可以申请、如何申请医疗救助

医疗救助是对救助对象在扣除各种医疗政策性补偿、补助、减免及社会指定医疗捐款后，仍难以负担符合规定的医疗费用，给予救助对象适当比例补助，保障其获得基本医疗服务。

按照《社会救助暂行办法》及有关规定，医疗救助的对象范围主要包括：

（1）特困人员；

（2）城乡低保对象；

（3）农村建档立卡贫困人口；

（4）其他县级以上人民政府认定的特殊困难人员。

其中，特困人员、低保对象属于重点救助对象，具体由地方民政部门核准认定，农村建档立卡贫困人口由地方扶贫部门认定。目前，低保对象、特困人员、建档立卡贫困人口等救助对象年度救助限额内个人自付住院费用救助比例达到70%左右。

申请医疗救助程序：

（1）如果申请事后医疗救助，一般可以按以下程序申请办理：

①准备好申请材料：本人身份证、户口本、低保（五保）证或医疗优待证以及医院的诊断证明、费用单据。

②提交申请：拿着申请材料到户籍所在地的街道（乡、镇人民政府），根据要求填写申请表，然后提交申请。

③对符合条件的，县级民政部门根据医疗救助经费情况和救助对象人数以及救助对象贫困程度、个人承担医药费情况批准其享受规定的医疗救助待遇。对不符合救助条件的，退回材料并说明理由。

（2）如果申请“一站式”即时结算，申请程序一般如下：

①符合“一站式”医疗救助条件的患者（由民政部门负责做好救助对象的认定工作，并把数据推送到医保部门），携带相关证明材料在定点医疗机构“一站式”服务窗口申请医疗救助。

②定点医疗机构通过医疗救助网上系统上报救助申请。

③民政部门通过医疗救助网上系统对定点医疗机构上报的申

请进行审批。审批通过后，患者就可以在定点医疗机构进行救助结算。

什么是生育保险
生育保险的报销范围包括哪些、何时报销

生育保险也是社会保险的一种，它针对的是怀孕、分娩的女职工，包括有生育津贴、医疗服务和产假等待遇，以帮助这些职工恢复劳动能力，重返工作岗位。

需要注意的是，企业缴纳的生育保险费作为期间费用处理，列入企业管理费用。职工个人不缴纳生育保险费。

生育保险报销范围：

（1）一般规定。

①生育医疗费。女职工生育的检查费、接生费、手术费、住院费和药费由生育保险基金支付。超出规定的医疗业务费和药费（含自费药品和营养药品的药费）由职工个人负担。女职工生育出院后，因生育引起疾病的医疗费，由生育保险基金支付；其他疾病的医疗费，按照医疗保险待遇的规定办理。女职工产假期满后，因病需要休息治疗的，按照有关病假待遇和医疗保险待遇规定办理。

②生育津贴。女职工依法享受产假期间的生育津贴，按本企业上年度职工月平均工资计发，由生育保险基金支付。

（2）地方规定（以广东省生育保险报销范围为例）。

①生育医疗费。女职工在孕期、产期内，因为妊娠、生育或者终止妊娠发生的符合规定的医疗费用。

②生育津贴。职工产假期间享受生育津贴，按照职工生育或施行计划生育手术时用人单位上年度职工月平均工资除以30再乘以规定的假期天数计发。生育津贴低于本人工资标准的，由用人单位补足。

生育津贴 = 用人单位上年度职工月平均工资 ÷ 30（天）× 假期天数

女职工生育享受产假：顺产的，计98天；难产的，增加30天；生育多胞胎的，每多生育1个婴儿，增加15天。

女职工终止妊娠享受产假：怀孕未满4个月终止妊娠的，根据医疗机构的意见，计15天至30天；怀孕4个月以上7个月以下终止妊娠的，计42天；怀孕满7个月终止妊娠的，计75天。

职工享受计划生育手术休假：取出宫内节育器的，计1天；放置宫内节育器的，计2天；施行输卵管结扎的，计21天；施行输精管结扎的计7天；施行输卵管或输精管复通手术的，计14天。

（3）计划生育的医疗费用。包括放置或者取出宫内节育器、施行输卵管、输精管结扎或者复通手术、人工流产、引产术等发生的医疗费用，施行计划生育手术期间诊治合并症、并发症的费用。

下列医疗费用不纳入生育保险支付范围：

（1）应当从工伤保险基金中支付的；

（2）应当由第三人负担的；

（3）应当由公共卫生或者计划生育技术服务项目负担的；

（4）在境外就医的；

（5）法律、法规、规章规定不纳入的。

职工的生育医疗费用不能直接结算的，职工可在其分娩、终止妊娠或者施行计划生育手术次日起3年内，向发生分娩、终止妊娠或者施行计划生育手术的参保地经办机构申请办理生育医疗费用零星报销（具体支付标准由地级以上市规定），并应当提供以下资料：

（1）医疗保险电子凭证或有效身份证件或社会保障卡；

（2）医院收费票据；

（3）费用清单；

（4）病历资料；

（5）《生育保险待遇申请表》。

在一般规定下，女职工就生育子女申请报销的范围主要就是两方面，即生育医疗费和生育津贴。但是在不同的省市，可能具体报销的范围远不止于此，比如在广东，除了上述两项之外，还有一次性分娩营养补助费、计划生育手术费用等，而具体的报销标准，也是要看当地的规定。

以案释法

劳动者达到法定退休年龄，公司不再为其缴纳社保，违法吗？

【案例简介】

耿某于2012年2月25日入职某餐饮公司，2012年5月公司开始为其缴纳社会保险。2018年10月，耿某达到法定退休年龄，餐饮公司擅自于当月对耿某的社会保险进行了减员处理，耿某继续工作至2019年9月。2019年10月，因餐饮公司断缴其社会保险，耿某提起劳动仲裁申请，要求解除与餐饮公司的劳动关系，并要求餐饮公司向其支付经济补偿。后耿某对劳动仲裁结果不服，将餐饮公司起诉至法院。

审理过程中，餐饮公司辩称，因耿某在2018年10月达到退休年龄，意味着双方劳动关系终止，公司依照规定进行社保减员并自动转为劳务合同关系，故其不应向耿某支付经济补偿。

劳动者达到退休年龄后，是否不再具备劳动关系主体资格，现实中存有一定争议。综合相关法律、行政法规及部门规章的规定可知，我国并未禁止已经建立的劳动关系，必须因劳动者达到退休年龄自然终止。

《中华人民共和国劳动合同法》与《中华人民共和国劳动合同法实施条例》的规定并不矛盾，而是赋予了劳动者和用人单位一定的选择权。劳动者达到退休年龄后，用人单位有权利终止双方劳动合同，或继续用工同时延续双方劳动关系、继续用工或与劳动者协商一致建立其他用工法律关系几种选择。作为用人单位，无论作出上述哪种选择，都有义务在劳动者达到法定退休年龄前的合理时间内，向劳动者履行告知义务，以便劳动者对其后续养老保险的缴纳、转换、新的用工关系的建立等问题进行选择。如果劳动者达到退休年龄时，尚不符合享受养老保险待遇的条件，在用人单位未向劳动者告知其选择并与劳动者进行协商，劳动者也未提出终止双方劳动关系时，基于对处于弱势地位劳动者的保护，用人单位继续用工的，应当认定双方劳动关系延续。

餐饮公司为耿某缴纳社会保险的开始时间为2012年，达到法定退休年龄时，其养老保险的缴费年限未满15年，不具备办理退休手续享受养老保险待遇的条件。在此情况下，按照《中华人民共和国社会保险法》的规定，耿某的职工基本养老保险可继续缴费至年满15年。因餐饮公司未能举证证明，其在耿某达到法定退休年龄前，就双方后续用工及社会保险的转换问题进行过协商，故应当认定耿某达到法定退休年龄后，与餐饮公司的劳动关系继续存在。

法院审理后认为：餐饮公司单方断缴耿某的社会保险，系未依法为劳动者缴纳社会保险的行为，并判决支持了耿某主张解除劳动关系经济补偿的诉讼请求，该判决已生效。

【与法同行】

劳动者达到退休年龄后，继续在用人单位工作，但未享受基本养老保险待遇用工问题的处理，既要保障此类劳动者合法的就业权和享受社会保障的权利，也要考虑用人单位的用工风险。使用超过法定退休年龄的劳动者，存在增加用人单位用工风险的可能性。但个案风险的存在，并不意味着用人单位就要完全选择不再聘用此类劳动者。

如出现该结果，个案公平的实现反而影响了此类劳动者整体的就业环境，这不是立法和司法的本意。事实上，如上述案件分析，我国现有法律、行政法规和部门规章等制度性安排，已经对此类用工条件下，劳动者和用人单位的权利义务进行了合理分配，能够达到劳动者与用人单位权利、义务的平衡。用人单位在用工过程中，如果能够仔细地、正确地理解上述规定，合法行使其应有权利，履行其应负义务，此类用工风险自然也就不会发生。

【法条链接】

《中华人民共和国劳动合同法》第四十四条第二款规定，劳动者开始依法享受基本养老保险待遇的，劳动合同终止。该条第六款规定，有法律、行政法规规定的其他情形的，劳动合同亦可终止。

《中华人民共和国劳动合同法实施条例》第二十一条规定，劳动者达到法定退休年龄的，劳动合同终止。

《中华人民共和国社会保险法》第十六条规定，参加基本养老保险的个人，达到法定退休年龄时累计缴费满15年的，按月领取基本养老金。参加基本养老保险的个人，达到法定退休年龄时累计缴费不足15年的，可以缴费至满15年，按月领取基本养老金；也可以转入新型农村社会养老保险或者城镇居民社会养老保险，按照国务院规定享受相应的养老保险待遇。

（摘自中国普法微信公众号，2022年3月28日，有删改）

六　社会安全防护

农村常见犯罪有哪些

（1）放火罪，是指故意放火焚烧公私财物，危害公共安全的行为。《中华人民共和国刑法》（以下简称《刑法》）第一百一十四条和第一百一十五条规定，犯放火罪的，尚未造成严重后果的，处3年以上10年以下有期徒刑；致人重伤、死亡或使公私财产遭受重大损失的，处10年以上有期徒刑、无期徒刑或者死刑。

（2）投毒罪，是指故意投放毒害性物质，危害公共安全的行为。《刑法》第一百一十四条和第一百一十五条规定，犯投毒罪的，尚未造成严重后果的，处3年以上10年以下有期徒刑；致人重伤、死亡或者使公私财产遭受重大损失的，处10年以上有期徒刑、无期徒刑或者死刑。

（3）破坏电力设备罪，是指故意破坏电力设备，危害公共安全的行为。《刑法》第一百一十八条和第一百一十九条规定，破坏电力设备，危害公共安全，尚未造成严重后果的，处3年以上10年以下有期徒刑；造成严重后果的，处10年以上有期徒刑、无期徒刑或者死刑。

（4）故意杀人罪，是指故意非法剥夺他人生命的行为。《刑法》第二百三十二条规定，故意杀人的，处死刑、无期徒刑或者10年以上有期徒刑；情节较轻的，处3年以上10年以下有期徒刑。

故意杀人罪是行为犯罪，只要行为人实施了故意杀人的行为，就构成故意杀人罪。由于生命权利是公民人身权利中最基本、最重要的权利，因此，不管被害人是否实际被杀，不管杀人行为处于故意犯罪的预备、未遂、中止等哪个阶段，都构成犯罪，都应当立案追究。

（5）故意伤害罪，是指故意非法损害他人身体健康的行为。我国《刑法》第二百三十四条规定，故意伤害他人身体的，处3年以下有期徒刑、拘役或者管制。犯前款罪，致人重伤的，处3年以上10年以下有期徒刑；致人死亡或者以特别残忍手段致人重伤造成严重残疾的，处10年以上有期徒刑、无期徒刑或者死刑。

（6）强奸罪，是指违背妇女意志，使用暴力、胁迫或者其他手段，强行与妇女发生性关系的行为，或者故意与不满14周岁的幼女发生性关系的行为。《刑法》第二百三十六条规定，以暴力、胁迫或者其他手段强奸妇女的，处3年以上10年以下有期徒刑。奸淫不满14周岁的幼女的，以强奸论，从重处罚。强奸妇女、奸淫幼女，有下列情形之一的，处10年以上有期徒刑、无期徒刑或者死刑：①强奸妇女、奸淫幼女情节恶劣的；②强奸妇女、奸淫幼女多人的；③在公共场所当众强奸妇女、奸淫幼女的；④二人以上轮奸的；⑤奸淫不满10周岁的幼女或者造成幼女伤害的；⑥致使被害人重伤、死亡或者造成其他严重后果的。

（7）收买被拐卖妇女、儿童罪，是指不以出卖为目的，收买被拐卖妇女、儿童的行为。《刑法》第二百四十一条规定，收买被拐卖的妇女、儿童的，处3年以下有期徒刑、拘役或者管制。收买被拐卖的妇女，强行与其发生性关系的，依照本法第二百三十六条的规定定罪处罚。收买被拐卖的妇女、儿童，非法剥夺、限制其人身自由或者有伤害、侮辱等犯罪行为的，依照本法的有关规定定罪处罚。收买被拐卖的妇女、儿童，并有第二款、第三款规定的犯罪行为的，依照数罪并罚的规定处罚。收买被拐卖的妇女、儿童又出卖的，依照本法第二百四十条的规定定罪处罚。收买被拐卖的妇女、儿童，对被买儿童没有虐待行为，不阻碍对其进行解救的，可以从轻处罚；按照被买妇女的意愿，不阻碍其返回原居住地的，可以从轻或者减轻处罚。

（8）暴力干涉婚姻自由罪，是指以暴力手段干涉他人结婚和离婚自由的行为。《刑法》第二百五十七条规定，以暴力干涉他人婚姻自由的，处2年以下有期徒刑或者拘役。犯前款罪，致使被害人死亡的，处2年以上7年以下有期徒刑。第一款罪，告诉的才处理。

（9）重婚罪，是指有配偶而与他人结婚或明知他人有配偶而与之结婚的行为。对重婚罪，《刑法》第二百五十八条规定，有配偶而重婚的，或者明知他人有配偶而与之结婚的，处2年以下有期徒刑或者拘役。

（10）虐待罪，是指虐待家庭成员，经常以打骂、冻饿、禁闭、有病不给医治或者强迫过度劳动等办法，从肉体和精神上进行摧残折磨，情节恶劣的行为。《刑法》第二百六十条规定，虐待家庭成员，情节恶劣的，处2年以下有期徒刑、拘役或者管制。犯前款罪，致被害人重伤、死亡的，处2年以上7年以下有期徒刑。第一款罪，告诉的才处理，但被害人没有能力告诉，或者因受到强制、威吓无法告诉的除外。

（11）遗弃罪，是指负有抚养义务的人，对年老、年幼、患病或者其他没有独立生活能力的人实施拒绝抚养，情节恶劣，从而构成的犯罪。《刑法》第二百六十一条规定，对于年老、年幼、患病或者其他没有独立生活能力的人，负有扶养义务而拒绝扶养，情节恶劣的，处5年以下有期徒刑、拘役或者管制。

（12）赌博罪，是指以营利为目的，聚众赌博、开设赌场或者以赌博为业的行为。《刑法》第三百零三条规定，以营利为目的，聚众赌博或者以赌博为业的，处3年以下有期徒刑、拘役或者管制，并处罚金。

（13）开设赌场罪，开设赌场的，处5年以下有期徒刑、拘役或者管制，并处罚金；情节严重的，处5年以上10年以下有期徒刑，并处罚金。

（14）非法占用农用地罪，是指违反土地管理法规，非法占用农用地数量较大，造成耕地大量毁坏的行为。《刑法》第三百四十二条规定，违反土地管理法规，非法占用耕地、林地等农用地，改变被占用土地用途，数量较大，造成耕地、林地等农用地大量毁坏的，处5年以下有期徒刑或者拘役，并处或者单处罚金。

常见网络诈骗形式有哪些

（1）网络购物诈骗。以远低于市场的价格兜售商品，为增加可信度，常声称商品来自走私。

（2）“中奖”诈骗。QQ中奖网友若信以为真与其联系，对方大都会以需要保证金、支付邮寄费用、预缴税款等方式要求“先汇钱、后兑奖”。当网友汇去第一笔钱款后，骗子还会以各种名目和托词诱骗网友继续汇款。

（3）虚拟游戏装备诈骗。在众多热门网络游戏网站，向游戏玩家兜售各种游戏装备、点卡或声称提供游戏代练服务，且实行明码标价，价格从几十元到几千元不等。但当游戏玩家将钱如数汇入对方银行账户后，对方从此消失。

（4）网上传授炒股经验诈骗。骗子吹嘘自己拥有炒股暴富的辉煌业绩，且能通过特殊途径获得内幕消息，采用会员制收费的方式，推荐所谓“绩优股”“稳涨股”，实为欺诈。一旦败露，则关闭网站，遁逃无踪。

（5）“彩票预测”诈骗。骗子声称“独家采用先进的数学和易经理论分析计算方法，保证中奖率在90%以上，只要成为会员就可以得到中奖号码”，引诱受害人支付会员会费，代购彩票款、保证金、保密费、公益金、专家推荐费、会员升级费等名目繁多的款项，从而进行诈骗。

如何预防电信诈骗

（1）克服“贪利”思想，不要轻信，谨防上当。世上没有免费的午餐，天上不会掉馅饼。对犯罪分子实施的中奖诈骗、虚假办理高息贷款或信用卡套现诈骗及虚假致富信息转让诈骗，不要轻信中奖和他人能办理高息贷款或信用卡套现及有致富信息转让，一定要多了解和分析真实情况识别真伪，以免上当受骗。

（2）不要轻易将自己或家人的身份、通信信息等资料泄露给他人。对于家人意外受伤害需抢救治疗费用、朋友急事求助类的诈骗短信、电话，要仔细核对，不要着急慌乱、轻信上当，更不要急着将“急用款”汇入犯罪分子指定的银行账户。

（3）多做调查取证。对接到培训通知、冒充银行声称银行卡升级和虚假招工、婚介类的诈骗，要及时向本地的相关单位和行业或亲临其办公地点进行咨询、核对，不要轻信陌生电话和信息。培训类费用一般都是现款交纳或者对公转账，不应汇入个人账户，不要轻信上当。对于来电声称是公安、检察、法院、银行等工作人员的电话号码，务必多方印证，尝试回拨电话以核实，防止犯罪分子利用改号软件等手法冒充。

（4）不实施违法行为。如收到以加害、举报等威胁和谎称反洗钱类的陌生短信或电话，不要惊慌无措和轻信上当，最好不予理睬，更不要为“消灾”而将钱款汇入犯罪分子指定的账户。必要时候，可以向当地公安机关等机构报告和核实。

（5）购买违禁物品属于违法行为。对于广告“推销”特殊器材、违禁品的短信、电话，应不予理睬并及时清除，更不应汇款购买。对于要求先汇款后交货或要求预交定金、保证金、风险抵押金、公证费、手续费购物的陌生短信、电话，一定要小心谨慎，仔细甄别，千万不要轻信而导致上当受骗。

（6）日常应多提醒家中老人、未成年人注意防范电信诈骗，提高老人、未成年人的安全防范意识。犯罪分子通常喜欢选择相对容易上当受骗的老年人、未成年人作为诈骗目标，作为子女或者父母，除了自己注意防范电信诈骗外，还应积极主动向家中老人、未成年人传递防诈骗的知识，为我们敬爱的长辈和需要呵护的下一代筑起防诈骗的知识围墙。

常见的快递诈骗方式有哪些

（1）栽赃陷害型。骗子先打电话自称是快递公司人员，告诉受骗人有快递物品，但由于天气潮湿看不清具体地址、姓名，只知道电话，请受骗人提供地址、姓名。然后就有快递公司投递人员上门送来物品，一般会是假烟假酒，请受骗人签收。看到有东西送来，许多人便不问来处，随意签收。只要受骗人一旦签收，随后就会有人打电话告诉受骗人：快递已经收了，必须按他们给出的银行账户汇钱，一般金额达数万元，如果受骗人不肯给，便有讨债公司或社会上不良人员上门骚扰。

（2）内鬼使诈型。骗子假装“快递员”，然后从中使诈。曾经有一位女士网购了高级化妆品，在签收包裹时较为大意，没有检查货品，当打开包裹时，才发现自己收到的竟是6瓶廉价的润肤甘油。在与厂家联系后，经双方协议，厂家再发一次货。当包裹再次送来时，这位女士的先生当面打开了包裹，发现仍是假货，随即抓住了准备逃跑的“快递员”。据这个“快递员”说，自己根本就不是快递员，他只是受雇于某快递公司的员工，该员工利用工作之便，将客户的真包裹以拒收为由退回商家，再拿着假包裹去诈骗客户的货款及邮费。

（3）自导自演型。骗子先以邮政工作人员的身份，给受骗人打电话（或是语音电话、人工电话、短信），告知受骗人，有包裹在派送前因怀疑内有毒品等违禁品而被“警方”查扣，并提供一个“警方”电话，让受害人与“警方”联系。然而，这个“警方”电话是骗子利用网络虚拟号码捆绑的。受骗人打通电话后，对方会自称是毒品犯罪调查科民警，让受骗人与银行方面联系，给银行卡升级或将钱转存入所谓的“安全账户”，并会特别强调，此事关乎受骗人的清白，要求受骗人不能向周围的人透露，最终达到骗取钱财的目的。

在此，提醒广大农民朋友，如遇到上述情况，可通过以下几种方法，保护自身的合法权益：

（1）一旦收到邮包或快递来的物品，当快递员面打开、查看货物后再付钱是非常必要的。如果在收货过程中发现异常情况，网购者可以拒签快递单，并与卖家联系。

（2）尽量销毁或涂抹废弃订单上的主要信息。

（3）家里由老人签收快递的，子女要提醒长辈进行确认是否上网购买过相关商品。

（4）遇到陌生电话时一定要引起注意，千万不要轻易将个人信息泄露出去。

（5）遇到可疑情况可拨打110报警电话进行咨询或直接报警。

老年人如何防范金融诈骗

（1）有需要兑换外币、兑换零钞、兑换残缺污损人民币的业务，应到银行柜台办理，不能轻信“黄牛”。

（2）妥善保护好身份证号码、银行卡卡号、存折账号、密码、手机号码等个人敏感信息，不要轻易告知他人。

（3）办理任何金融业务时都要仔细阅读条款，认真填写相关信息和核对相关内容，如有疑问，应咨询银行柜台人员。

（4）凡是提到需要转账汇款、交手续费免费领取奖品的短信或电话，都应引起高度警惕，谨防金融诈骗。

（5）购买理财产品要选择正规渠道，弄清存款、理财和保险的区别，最好在子女的陪同下进行购买，尤其是大额投资，最好不要独自当场决定。

（6）不要相信陌生人的“糖衣炮弹”，自己拿不定主意时，多找老伴、子女、信得过的邻居和朋友商议，需要报警时应坚决报警。

（7）要克服贪欲心理，要打消“用小钱赚大钱”“吃小亏占大便宜”“不劳而获”等念头，世界上没有“天上掉馅饼”的好事。

（8）多看新闻，开阔自己的视野，多关注法制栏目，了解各种骗局案例，从他人上当受骗的经历中吸取经验教训。

如何识别传销

当前，传销组织往往打着“直销”“连锁经营”“电子商务”“人际网络营销” 等旗号从事传销，可从以下几个方面识别传销：

（1）从组织方式看，传销组织者承诺给予参加者高额快速回报，鼓励诱导其发展他人加入，后续参加者再以同样的方式介绍和发展他人加入，以此组成上下线紧密联系的传销网络“人员链”。

（2）从计酬方式看，组织者以参加者发展下线的数量为依据计算和给付报酬，或以参加者发展的下线的销售业绩为依据给付报酬，形成传销的“金钱链”。

（3）从销售方式看，与直销的单层次销售（即推销员直接将商品推销给最终消费者）相区别，传销是多层次网络式销售。

（4）从经营目的看，传销不以销售商品为最终目的，而以发展人员数量骗取钱财为最终目的。

社会安全防护

农民如果不慎陷入传销组织，如何逃离

（1）保证人身安全。人身安全最重要，一定不要跟传销组织成员起冲突，他们会实施暴力，所以要表面配合。

（2）保管好随身财物。尽量保管好身份证、银行卡、手机等物品，不让这些物品落入对方手中。

（3）记住地址。要掌握所处的具体位置，如楼栋号、门牌号、标志性建筑等，以便求救报警。

（4）装病。尽可能让对方觉得你病得很严重，不得不同意让你外出就医。

（5）抛出求救纸条。偷偷写好求救纸条，趁传销分子不备，利用一切机会抛出纸条求救。

（6）与家人联系，暗示危险。如有机会与家人通信，就说一些与事实不符的事情暗示你有危险。也可提前和家人沟通好代表你有危险的暗号。牢记家人、朋友的手机号码。

（7）取得信任，找寻时机出逃。利用上街和考察时机，突然挣脱向周围人群求救。逃出时一定要提前规划好路线，不要盲目逃跑，最好是努力取得看守人的信任后再计划逃跑。

（8）通过110报警。一旦逃出传销窝点，立即到安全区域拨打110报警电话。

农民如何防范入室盗窃

防范入室盗窃应做到：

第一，要增强防盗意识。

（1）出门务必关好门窗，反锁防盗门，不将钥匙存放在门前脚垫下、花盆里等自以为安全的地方。

（2）家中不要存放大量现金及贵重物品，存折、贵重物品不要与户口本、居民身份证放在一起。

（3）如发现楼内有可疑人员，应提高警惕，核实其身份。

（4）夜晚睡前务必从室内用钥匙反锁防盗门，并使钥匙与锁孔保持垂直状态，可减少被技术开锁的入室盗窃风险。

（5）夜晚睡觉前不要将放有钱包的外套、手提包放置在室内靠窗的醒目位置，谨防被钓鱼盗窃。

（6）当发现家中门前有新出现的不明符号时，要提高警惕，严防是犯罪分子踩点后留下的记号。

（7）邻里相互守望，遇可疑情况互相提醒，遇到危险互相帮助。

第二，要加固防范设施。

（1）要在入户大门外加装防盗性能好的防盗门锁，窗户、阳台应安装防盗护栏。

（2）底层住宅的围墙上，应加插碎玻璃或安装铁栅，防止犯罪分子翻墙入室。

（3）在可攀爬上楼的关键位置应加装专业“防爬刺”。

（4）家中的厨房排风扇口和卫生间的通气窗往往是犯罪分子选择的入口，应加固防撬设施。

（5）有条件的家庭应考虑安装门磁开关、电子狗、入侵探测器等家用技防设施。

如何防止摩托车、电动车被盗

（1）不要怕麻烦，离车要上锁。犯罪分子往往是在车主没上锁的时候把车偷走，所以车主离开车子时要记得锁车，即使车在视线之内，也最好上锁。

（2）车主不要因贪图方便而将车辆随意停放。平时停放摩托车，应选择管理规范的停车场所，不要随便停放在缺乏防范、无人看管的居民楼道或街道路旁，更不要停放在灯光昏暗、偏僻冷清的地方。晚上和凌晨是摩托车被盗案件的高发时段，这时人们往往在家休息，而偷车贼正好伺机作案，所以切忌让摩托车在室外“过夜”，停放公共场所时要注意选择在视线范围之内或采取有效的防盗措施。

（3）购买摩托车要及时上牌登记。部分摩托车因为没挂牌，失窃破案后民警无法找到失主，造成案件认定困难，也使受害者的损失难以挽回。购买新摩托车后要及时到车管所办理登记手续，为防盗增加安全系数。

（4）车辆被盗后要及时报案。车辆被盗后要及时报案，为破案提供线索，为找回被盗车辆提供条件并减少车主的损失。

以案释法

农村陋习要不得！聚众斗牛赌博，三人获刑！

【案例简介】

2021年7月7日，维西县公安局保和派出所接到情报，称7月8日在保和镇兰永村扎木迪组将进行斗牛赌博活动。保和派出所立即将有关情况向分局进行报告，分局第一时间调配警力前往支援，提前设防，于8日6时30分民警按照既定方案控制住现场，将斗牛赌博团伙一举抓获，并当场清点赌资赌具，核实人员身份信息。之后，将涉嫌人员带至维西县公安局作进一步调查。经查，现场参与围观、赌博人员较多，现场抓获涉嫌参与聚众赌博人员164人，扣押现金31.8万元，涉案犏牛两头被依法扣押。维西县公安局“7·08”专案组通过三个多月的进一步调查核实，依法对93名参赌人员给予治安拘留17人、治安罚款76人，罚款金额共计22800元的处罚，并对其余现场围观人员进行口头教育。钱某甲等3名犯罪嫌疑人组织斗牛赌博的行为，已触犯《中华人民共和国刑法》第三百零三条第一款之规定，涉嫌赌博罪，涉案赌资达5万余元，于2021年7月8日被维西县公安局刑事拘留。

【与法同行】

参与赌博被抓后还会有什么代价：

（1）除上述治安处罚和刑事处罚外，公职人员参赌被处罚后还面临着党政纪处分，甚至开除公职；

（2）违法犯罪记录伴随终身，个人考公务员、参军、入党、出国、留学都受限制，律师等相关行业禁入；

（3）不光是参赌者自己，其子女参军、入党、出国、留学同样受限制，参军、入党、招飞政审难通过；

（4）形成前科劣迹并记录在案，以后有违法犯罪行为，将从重处罚。

最后，提醒广大群众，赌博不仅影响家庭和谐，还会败坏社会风气，既不利个人身心健康，还危害下一代健康成长。希望广大群众自觉远离赌博、摒弃陋习，同时欢迎大家积极检举、举报身边赌博行为，若发现违法犯罪线索，可拨打110报警电话或者到辖区派出所报警。

【法条链接】

《中华人民共和国治安管理处罚法》第七十条规定，以营利为目的，为赌博提供条件的，或者参与赌博赌资较大的，处5日以下拘留或者500元以下罚款；情节严重的，处10日以上15日以下拘留，并处500元以上3000元以下罚款。

《中华人民共和国刑法》第三百零三条规定，以营利为目的，聚众赌博或者以赌博为业的，处3年以下有期徒刑、拘役或者管制，并处罚金。

（摘自云南迪庆法院官方澎湃号，
2022年1月4日，有删改）

七　婚姻家庭权益

我国婚姻登记的条件是什么

（1）男女双方完全自愿。《中华人民共和国民法典》（以下简称《民法典》）第一千零四十六条规定，结婚必须男女双方完全自愿，不许任何一方对他方加以强迫、禁止任何组织或个人加以干涉。按照这个条件的要求，男女结婚必须是双方自愿，而不只是一方自愿。要求双方自愿，就排除了一方强迫他方结婚的情况发生。结婚必须是本人自愿，而不是父母或者其他什么人愿意。要求完全自愿，就排除了一方或者双方勉强凑合结婚的情况发生。实行男女结婚必须双方完全自愿，是我国婚姻自由原则的具体体现，是法定结婚的首要条件。

（2）符合法定婚龄。男不得早于二十二周岁，女不得早于二十周岁。法定年龄以户口本、身份证为准。计算法定年龄应以个人的周岁计算，不能以两个人的年龄合并计算。法定结婚年龄是政府依据我国人民身心发育及责任能力和国家政治、经济发展状况，为控制人口过度增长、保证优生优育制定的，任何人不得随意更改（民族自治地方有权制定变通规定，报有权机关批准后生效）。

（3）没有法律禁止的血亲关系。《民法典》第一千零四十八条规定，直系血亲或者三代以内的旁系血亲禁止结婚。

（4）结婚必须是双方均无配偶的男女结合。《民法典》第一千零四十一条规定，实行一夫一妻婚姻制度。这就要求任何人都只能有一个配偶，不能同时有两个或两个以上配偶。所以，结婚的双方必须符合一夫一妻制，而不允许违反甚至破坏一夫一妻制。这里的无配偶，是指无有现存的夫妻关系。对于已经结过婚的人，或因离婚或因一方死亡其夫妻关系已经消除的，就是无配偶人。

哪些情形属于无效婚姻

无效婚姻是指建立婚姻关系的双方当事人违反《民法典》婚姻篇的有关规定，不履行法定的结婚登记程序而建立的婚姻关系，这种婚姻关系是不受法律保护的无效婚姻。

《民法典》第一千零五十一条规定，有下列情形之一的，婚姻无效：

（1）重婚；

（2）有禁止结婚的亲属关系；

（3）未到法定婚龄。

违法建立无效婚姻的婚姻关系当事人，应无条件地解除婚姻关系，并承担相应的民事责任，触犯刑法的，应负刑事责任。无效婚姻自始无效，当事人不具有夫妻间的权利和义务。同居期间所得财产，由当事人协商处理，协商不成，由人民法院根据照顾无过错方的原则判决。对重婚的财产处理，不得侵犯合法婚姻当事人的财产利益，所生子女按婚生子女的规定执行。

解除婚约后能否要求对方返还彩礼

目前，我国各地农村都有订婚、送彩礼等习俗，而一旦出现悔婚等行为，因彩礼引起的纠纷也不断增多。

《民法典》第一千零四十二条规定，禁止包办、买卖婚姻和其他干涉婚姻自由的行为。禁止借婚姻索取财物。

婚约是男女双方以将来结婚为目的所做的事先约定，俗称“订婚”。订婚不是结婚的必经程序，男女双方自愿订立的婚约没有法律上的约束力。男女双方可以订婚，也可以不订婚。已经订婚的男女双方可以按照当初订立的婚约而登记结婚，也可以向对方宣布解除婚约，并且无须经得对方同意。但是，婚约解除后，无论是男方还是女方先提出解除婚约，任何一方都有权要求对方返还给付的彩礼。如果对方不予返还给付的彩礼，可以向对方所在地的基层人民法院起诉解决。

《最高人民法院关于适用〈中华人民共和国民法典〉婚姻家庭编的解释（一）》第五条对当事人请求返还按照习俗给的彩礼的问题也作出了明确规定，当事人请求返还按照习俗给付的彩礼的，如果查明属于下列情形，人民法院应当予以支持：

（1）双方未办理结婚登记手续的；

（2）双方办理结婚登记手续但确未共同生活的；

（3）婚前给付并导致给付人生活困难的。

适用前款第（2）、第（3）项的规定，应当以双方离婚为条件。

哪些属于法律规定的夫妻共同财产

夫妻共同财产是指夫妻在婚姻关系存续期间所得的、属于夫妻共同所有的财产。《民法典》第一千零六十二条规定，夫妻在婚姻关系存续期间所得的下列财产，归夫妻共同财产：

（1）工资、奖金、劳务报酬。这里的工资、奖金泛指工资性收入，包括基本工资和各种形式的补贴、资金、福利等，还包括一定范围的实物分配。

（2）生产、经营、投资的收益。既包括农民的生产劳动收入，也包括工业、服务业等行业的生产经营收入。

（3）知识产权的收益。

（4）继承或者受赠的财产，但是《民法典》第一千零六十三条第三项规定的除外。

（5）其他应当归共同所有的财产。

因感情破裂打算离婚，应该怎么办理

离婚主要通过两种方式进行：一种是经协商一致共同到民政局办理离婚登记；另一种是向法院提起诉讼，由法院判决双方离婚。对于这两种离婚方式，具体详述如下：

第一，协议离婚。《民法典》第一千零七十六条规定，男女双方自愿离婚的，应当签订书面离婚协议，并亲自到婚姻登记机关申请离婚登记。这是关于协议离婚的规定。由于《中华人民共和国民法典》新规定了离婚冷静期制度，为协议离婚添加了一些不确定性。

《中华人民共和国民法典》第一千零七十七条规定，自婚姻登记机关收到离婚登记申请之日起30日内，任何一方不愿意离婚的，可以向婚姻登记机关撤回离婚登记申请。

前款规定期限届满后30日内，双方应当亲自到婚姻登记机关申请发给离婚证；未申请的，视为撤回离婚登记申请。

在时间跨度上，从申请离婚到冷静期届满是30天，冷静期届满后的30日内为双方共同领取离婚证的时间，也就是说取得离婚证最短要用31天，最长要用60天。

离婚冷静期的等待期限相对是固定的，但在这60天内，如果一方反悔不想离婚，或者不配合共同前往民政局领取离婚证的，整个程序作废，视为撤回离婚登记申请。

如果双方之后又闹离婚，又选择协议离婚，那么还得重新经历离婚冷静期。

协议离婚办理程序如下：

（1）申请。首先准备书面的离婚协议，带好结婚证、身份证件等，双方需要共同到当地的民政局提出申请，等待民政局受理。

（2）受理。民政局按照《婚姻登记工作规范》的规定，对双方当事人提交的材料进行初审，这将产生两种结果，民政局对提交的证件和证明材料进行审查，符合条件的，发给离婚登记申请受理回执单，不符合条件的，则裁定不予受理。

（3）离婚冷静期。民政局把离婚登记申请受理回执单发给双方当事人后，在收到回执单之日起30天内，如果有一方不想离婚的，可以带着自己的身份证和回执单向受理离婚登记申请的民政局撤回离婚登记申请，并亲自填写撤回离婚登记申请书，经婚姻登记机关核实无误后，发给撤回离婚登记申请确认单。

（4）审查。自离婚冷静期届满后30天内，双方当事人应当持相关证件和材料，共同到民政局申请发给离婚证。民政局按照规定进行审查，对不符合离婚登记条件的，不予办理。

（5）登记（发证）。民政局按照《婚姻登记工作规范》的相关规定，予以登记，发给离婚证。

由此可见，因有离婚冷静期制度的存在，协议离婚的流程变得较为复杂，以往当天就能拿到的离婚证，现在需要等待30～60天。若其间因一方反悔或出现其他特殊情况，使得离婚申请被撤销的，想要再次申请协议离婚，只能重新走流程。

第二，诉讼离婚。《民法典》第一千零七十九条规定，夫妻一方要求离婚的，可以由有关组织进行调解或者直接向人民法院提出离婚诉讼。这是关于诉讼离婚的规定。诉讼离婚是指夫妻双方单方提出离婚，另一方不同意离婚或者虽然双方都同意离婚，但在共同财产的分割和对子女的抚养、教育、医疗费等的问题上未达成协议，离婚诉讼当事人可向人民法院递交离婚诉讼状，人民法院受理后一般采取两种方式解决：一是调解离婚，是指离婚的双方当事人在法院的调解下，就财产分割、子女养育等问题达成一致，人民法院确认其离婚并制作离婚民事调解书，作为双方当事人的离婚法律文书。二是判决离婚，是指人民法院在调解不成功的情形下，就离婚案件的具体情况、就夫妻共同财产和子女养育等作出离婚判决。

诉讼离婚程序如下：

（1）向法院起诉。携带以下材料：

①起诉状；

②身份证原件；

③夫妻关系的证明，结婚证或婚姻登记机关出具的婚姻状况证明；

④夫妻共同财产的证明，一般提交财产清单即可；

⑤子女的身份证、户口本或出生证明；

⑥对方有过错的证据，如家暴、赌博等。

一般情况下，法院受理后不会马上转到审理程序，根据案件排期情况，在一个月左右安排人员对双方进行调解。

（2）法院调解。法院调解后，会出现三种结果：

①若调解后双方和好，不需要出具文书，法院按原告撤诉处理。

②若调解后双方决意离婚，不用转入审理程序，人民法院制作离婚调解书，离婚调解书送达后，即发生法律效力，婚姻关系自此解除。

③若调解后双方对财产、子女等问题分歧较大，或者一个想离一个不想离的，转入审理程序。

（3）调解失败，转入审理程序。

审理阶段涉及法庭调查、法庭辩论等环节，包括举证、质证、当事人陈述、辩论等内容。其中需要注意的是审理期限的问题，一审中，较为简单、适用简易程序的案件，审理期限一般为3个月。适用普通程序的案件，审理期限一般为6个月。

目前，若没有证明夫妻感情破裂的充分证据，或者对方坚决不同意离婚的，一审一般不判离。通常的处理方式是等6个月后再次起诉对方，所以完整的离婚诉讼程序走下来，一般要9～12个月。

综上，调解离婚耗时短、效率高，如果双方已经对离婚协议达成一致，同样可以走法院调解程序，人民法院会根据双方的离婚协议制作离婚调解书，生效的离婚调解书与离婚证具有同等的法律效力，不用再去婚姻登记部门办理离婚证。

当然不是所有的情况都适用调解离婚，为了维护自己的合法权益，有时“离得快”不如“离得好”，要根据具体情况来选择适用。

离婚后孩子的抚养费如何承担，其具体数额如何确定

《民法典》第一千零八十四条规定，父母与子女间的关系，不因父母离婚而消除。离婚后，子女无论由父或母抚养，仍是父母双方的子女。离婚后，父母对于子女仍有抚养、教育、保护的权利和义务。同时《民法典》第一千零八十五条规定，离婚后，子女由一方直接抚养的，另一方应负担部分或全部抚养费。负担费用的多少和期限的长短，由双方协议；协议不成时，由人民法院判决。前款规定的协议或判决，不妨碍子女在必要时向父母任何一方提出超过

协议或判决原定数额的合理要求。

《最高人民法院关于适用〈中华人民共和国民法典〉婚姻家庭编的解释（一）》第四十九条规定，抚养费的数额，可以根据子女的实际需要、父母双方的负担能力和当地的实际生活水平确定。有固定收入的，抚养费一般可以按其月总收入的20%～30%比例给付。负担两个以上子女抚养费的，比例可以适当提高，但一般不得超过月总收入的50%。无固定收入的，抚养费的数额可以依据当年总收入或者同行业平均收入，参照上述比例确定。有特殊情况的，可以适当提高或者降低上述比例。第五十条规定，抚养费应当定期给付，有条件的可以一次性给付。同时，在我国法律规定，孩子在十六周岁以下的，父母必须支付抚养费，十六周岁至十八周岁可适当支付，十八周岁以上父母可以选择不支付。而当孩子年满十八周岁以后，如果还处于上学的年纪，原则上父母是应该支付抚养费的。或者如果产生意外事故，孩子无劳动能力且收入不足以支持生活，父母还是需要给予抚养费的。

离婚后还能否变更孩子的抚养权

在通常情况下，夫妻双方离婚后，一方或双方的情况或抚养能力发生较大变化，均可提出变更子女抚养权的要求。变更子女抚养权一般先由双方协商确定，如协商不成，可通过诉讼方式请求人民法院判决变更。具有下列情形之一的，人民法院应予支持：

（1）与子女共同生活的一方因患严重疾病或因伤残无力继续抚养子女的；

（2）与子女共同生活的一方不尽抚养义务或有虐待子女行为，或其与子女共同生活对子女身心健康确有不利影响的；

（3）八周岁以上未成年子女，愿随另一方生活，该方又有抚养能力的；

（4）有其他正当理由需要变更的。

在什么情况下可以请求离婚损害赔偿

在离婚时，夫妻一方受到家庭暴力或者存在虐待、遗弃情形的，受害一方有权要求对方给予损害赔偿。《民法典》第一千零九十一条规定，有下列情形之一，导致离婚的，无过错方有权请求损害赔偿：

（1）重婚；

（2）与他人同居；

（3）实施家庭暴力；

（4）虐待、遗弃家庭成员。

同时，《民法典》一千零九十一条规定的“损害赔偿”包括物质损害赔偿和精神损害赔偿，涉及精神损害赔偿的，适用《最高人民法院关于确定民事侵权精神损害赔偿责任若干问题的解释》的有关规定。

但在两种情况下，法院不会支持损害赔偿请求：一是人民法院判决不准离婚的案件，对于当事人基于《民法典》第一千零九十一条提出的损害赔偿请求，不予支持。二是在婚姻关系存续期间，当事人不起诉离婚而单独依据该条规定提起损害赔偿请求的，人民法院不予受理。

当前农村的家庭暴力主要有哪些表现

《民法典》婚姻家庭编所称的“家庭暴力”，参照《中华人民共和国反家庭暴力法》规定，是指家庭成员之间以殴打、捆绑、残害、限制人身自由以及经常性谩骂、恐吓等方式实施的身体、精神等侵害行为。当前农村的家庭暴力主要表现在丈夫对妻子的暴力行为，家庭暴力的范围主要包括：

（1）夫妻间的暴力行为，如丈夫殴打、谩骂妻子等；

（2）父母对子女实施的殴打等暴力或虐待行为，如对子女进行拳打脚踢等；

（3）子女对应赡养的老人实施的暴力或虐待行为；

（4）兄弟姐妹、叔嫂妯娌、翁婿婆媳之间的暴力行为；

（5）有亲密关系的男女间的暴力行为，如同居关系、恋人关系等，也都属于广义上家庭暴力的范畴。

在我国，家庭暴力的认定包括以下两个方面：

（1）普遍意义上的家庭暴力。普遍意义上的家庭暴力就是一般人所认识的，在家庭生活中，行为人通过殴打、捆绑、残害、强行限制人身自由或者其他手段，对其他家庭成员施暴的行为。根据其不同的表现形式大致可以划分为以下几类：

①肉体伤害。如对家庭成员用推挤、拳击、扭臂、掐脖子、扇耳光、咬、掐、开水烫、火烧、用刀等手段及器械伤害，故意杀害、伤害、重度殴打、冻饿、性摧残等使受害人身体受到严重损害。

②精神伤害。用威胁、恐吓、辱骂、猜疑、恶意贬低、故意刁难等手段干涉配偶行动自由，尤其不得与其他异性来往，怠慢对方的感受及需要；捏造事实强加给家庭成员或四处宣扬，将第三者带回家中同居或发生性行为，使受害人精神极度受伤害。

③性虐待。违背配偶意愿强迫进行性行为，或强迫其进行难以接受的性行为方式，损伤其性器官，强迫拍摄淫秽照片或录像。

④虐待体罚。经常对家庭成员进行打骂，有病不给治疗等，具有连续性的特征；对家庭成员罚跪、强迫过度劳动、禁闭、限制行动自由等。

⑤经济虐待。剥夺生活必需品，遗弃家庭成员，限制配偶花钱，夺走工资，扣留身份证件，禁止外出工作，禁止求医，在外赌博欠债而变卖家产。

（2）家庭冷暴力。家庭冷暴力也叫精神暴力，是指夫妻双方在产生矛盾时，不通过殴打等暴力方式处理，而是对对方采取冷淡、轻视、放任和疏远的态度。家庭冷暴力为一个新型的隐形暴力形式，发展速度快，覆盖面广，且外在表现形式多样，从冷嘲热讽到言语上的恶意攻击都有体现。具体来说，可以分为以下几个方面：

①冷嘲热讽，在语言上进行恶意攻击，故意贬低、刺伤对方的自尊心和自信心；

②不管不顾，不再承担、履行夫妻和家庭的义务、责任；

③刻意避免夫妻之间的单独接触，甚至无缘无故地“失踪”。

在现代社会的新形势下，家庭暴力也衍生出了很多新的情形需要我们去仔细甄别分析，当遇到家庭暴力时，一定要在保护自己的基础上，注意收集相关的证据，通过起诉、报警等途径及时维护自身的合法权益。

以案释法

夫妻共同债务如何认定？必须满足这些条件！

【案例简介】

小王开了一家皮鞋厂，2021年9月皮鞋厂经营陷入困难，为了周转小王向小刘借款30万元，并出具借条一份。借款到账后，18万元被小王用于支付拖欠的货款，12万元用于支付拖欠的员工工资。但到了约定的还款日期，小王却迟迟未能归还借款。小刘几经催讨，仅收回借款2万元，剩余借款小王均以各种理由拖延还款。无奈之下，小刘只能起诉至法院，要求小王归还剩余借款28万余元及利息，并要求小王的前妻小程和皮鞋厂承担共同还款责任。

法院经审理认为，小王和小刘的借贷关系合法有效，小王应履行归还借款和利息的义务。小王的前妻小程和皮鞋厂应否承担案涉债务共同偿还责任需视情况而定。夫妻一方在婚姻关系存续期间以个人名义为家庭日常生活需要所负的债务，属于夫妻共同债务。家庭日常生活需要也包括共同生产经营活动。若是婚姻关系破裂后的借款，则由借款人独立承担。

本案中，虽然小王以个人名义向小刘借款，但该借款全部用于公司经营所需，而小王为一人独资公司的法定代表人和股东，公司经营获得的财产属于家庭生活收入来源，其与其妻小程未举证证明双方对婚姻关系存续期间所得财产约定归各自所有，也未举证证明案涉借款超出家庭日常生活需要，且本案借贷关系发生在二者夫妻关系存续期间，据此可认定案涉债务属于夫妻共同债务，小程应当承担共同还款责任。

小王所借款项用于个人独资设立的公司的生产经营，故本案构成企业法定代表人以个人名义与出借人建立民间借贷合同关系，且所借款项用于企业生产经营的情形，即公司系实际用款人及共同借款人，依法应对案涉借款承担共同还款责任。

最终，法院判决：小王、小程及皮鞋厂于判决生效之日起10日内归还小刘借款28万余元并支付相应利息。

【与法同行】

夫妻共同债务，通常是指在婚姻关系存续期间，夫妻双方或者一方为维持共同生活需要，或出于共同生活目的从事经营活动所引起的债务。夫妻共同生活是夫妻共同债务的内在本质，是夫妻共同债务与夫妻个人债务的根本区别，也是认定夫妻共同债务的唯一法定标准。夫妻共同债务的性质决定了夫妻一方举债借款必须为夫妻共同生活所需。

【法条链接】

《中华人民共和国民法典》第一千零六十四条规定，夫妻双方共同签名或者夫妻一方事后追认等共同意思表示所负的债务，以及夫妻一方在婚姻关系存续期间以个人名义为家庭日常生活需要所负的债务，属于夫妻共同债务。夫妻一方在婚姻关系存续期间以个人名义超出家庭日常生活需要所负的债务，不属于夫妻共同债务；但是，债权人能够证明该债务用于夫妻共同生活、共同生产经营或者基于夫妻双方共同意思表示的除外。

（摘自平安西咸微信公众号，2022年5月26日，有删改）

八　未成年人权益

未成年人在生活中遭受家庭暴力时，应该怎么办

《中华人民共和国反家庭暴力法》第十三条规定，家庭暴力受害人及其法定代理人、近亲属可以向加害人或者受害人所在单位、居民委员会、村民委员会、妇女联合会等单位投诉、反映或者求助。有关单位接到家庭暴力投诉、反映或者求助后，应当给予帮助、处理。家庭暴力受害人及其法定代理人、近亲属也可以向公安机关报案或者依法向人民法院起诉。单位、个人发现正在发生的家庭暴力行为，有权及时劝阻。

因此，儿童在生活中遭受家庭暴力可以通过以下方式寻求帮助或维权：

（1）寻求其他家庭成员帮助。如果爸爸有暴力倾向，就寻找妈妈或者爷爷奶奶、叔叔阿姨的帮助，及时制止父亲的家庭暴力行为。

（2）寻求周围邻居的帮助。如果被父母家暴，可以敲对面熟悉的邻居家门，让邻居帮助自己，制止家庭暴力，化解矛盾与暴力。

（3）寻求居委会、村委会帮助。可以向居委会或村委会等家庭民事纠纷调解部门反映，让他们帮忙做好父母的工作，让父母反思自己的教育行为。

（4）家庭暴力受害人及其法定代理人、近亲属也可以向公安机关报案或者依法向人民法院起诉。

儿童享有哪些法定权利

《中华人民共和国未成年人保护法》第三条规定，国家保障未成年人的生存权、发展权、受保护权、参与权等权利。未成年人依法平等地享有各项权利，不因本人及其父母或者其他监护人的民族、种族、性别、户籍、职业、宗教信仰、教育程度、家庭状况、身心健康状况等受到歧视。

其中，生存权包括生命权、健康权和医疗保健获得权。发展权是指未成年人拥有充分发展其全部体能和智能的权利，发展权主要指信息权、受教育权、娱乐权、文化与社会生活的参与权、思想和宗教信仰自由权、个性发展权等。未成年人受保护权是因未成年人生理、心理、智力发展的特殊性而享有的一项特殊权利。未成年人参与权指未成年人参与家庭、文化和社会生活的权利。

儿童遭受校园霸凌，应该怎么办

儿童上学期间遭受霸凌，家长可以通过以下方式进行处理：

（1）安抚孩子的情绪。首先，家长要安抚孩子的情绪。孩子受到了校园霸凌，他的身心会受到巨大的伤害。父母要多陪陪孩子，或者找专门的心理咨询师对其进行疏导。

（2）查出事情的缘由。家长发现孩子遭受了校园暴力和校园霸凌以后，要迅速向孩子问清楚事情的缘由，查清楚事情的来龙去脉。并且找到施暴者，与之进行交流，向施暴者施压，告诫施暴者以后不要再欺负自己的孩子。

（3）向老师和学校反映。对于孩子遭受的校园霸凌，家长要向孩子的老师和学校领导反映，让学校和老师肩负起照看孩子的责任，加强对校园霸凌的监督和对施暴者的管教。

（4）与施暴者家长交流。找到校园暴力的主要施暴者的家长，双方家长可以电话联系，不过最好是进行面对面的交流，好好沟通一下，把问题都说出来，让其加强对自己孩子的教育管理。

（5）触犯法律的作报警处理。对于触犯法律的校园施暴者，为了保护自己的孩子，家长在必要的情况下，可以进行报警处理，通过法律的途径来惩罚校园霸凌施暴者。

（6）持续关注孩子。持续关注孩子的在校情况，看看孩子在学校是否继续受到校园暴力的侵害，是否再遭受校园霸凌，发现问题要及时解决。定期和孩子谈心交流，引导孩子走出校园暴力的阴影。

综上所述，校园霸凌属于很严重的侵害行为，会让受害者的心理还有生命安全受到重大的伤害。如果自己的孩子遭遇了校园霸凌，家长一定要及时沟通，采取有效的方式来解决此事，尽可能不对孩子的心理造成阴影。

未成年人上网交友，有什么安全隐患

（1）人身安全意识薄弱。未成年人利用网络交友聊天已较为普遍，部分未成年人上网主要是为了交友聊天，而随年龄递升呈增加趋势，未成年人很可能根据与网友的熟悉程度和信任程度决定只身去见网友，存在人身安全隐患。

（2）财产安全意识薄弱。网络信息错综复杂，真伪难辨，对于心智尚处于成长期的未成年人更是一种挑战。未成年人对网络信息的真伪判断力不足。当收到来历不明的网页、电子邮件链接或附件时，未成年人很容易因好奇而打开链接，进而引发财产安全问题。

（3）隐私保护意识薄弱。随着互联网对人们生活的不断渗透，避免网络泄露隐私已成为人们最关切的安全问题之一。许多未成年人很容易就把自己的姓名、家庭住址、学校名称或者电话号码、照片等个人信息透露给网友或者提供到聊天室等公共讨论区域，造成个人隐私泄露。

（4）法律防护意识薄弱。如果遭遇网络侵害，大部分未成年人都不知如何处理（如下图所示）。

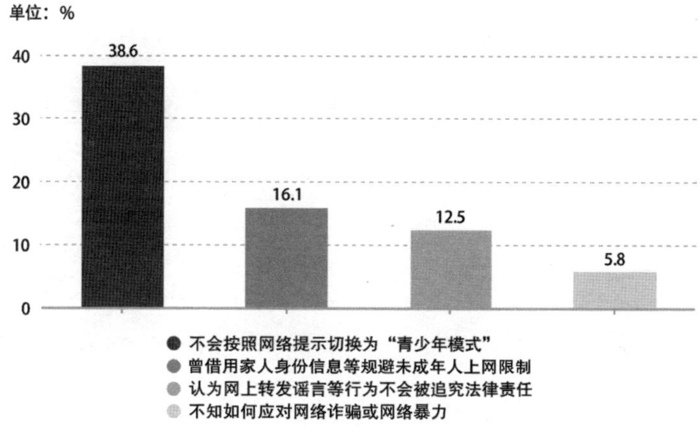

数据来源：国家统计局广东调查总队

未成年人遭受网络暴力时该怎么办

未成年人受到网络暴力的要向公安部门或者互联网管理部门

举报，应当做到：

（1）收集证据线索。在信息泄露之后，未成年人很容易收到各种各样的邮件，接到来自天南海北的电话。这时候要留心，记下对方的电话或者是邮箱地址等有用的信息。可能这些信息很琐碎，但是一旦收集好这些信息，不仅能帮助自己维权，而且还可能帮助更多的人。

（2）向相关部门报案。个人信息一旦泄露，可向公安部门、互联网管理部门、工商部门、消协、行业管理部门和相关机构进行投诉举报。报案的目的一来是保护自己的权益，二来也是可以备案。一旦有更多的人遇到类似的情况，就可以一起处理。根据刑法的相关规定，向他人出售或者提供公民个人信息以及非法获取公民个人信息情节严重的，可能涉嫌刑事犯罪，公安机关可以介入调查。

（3）提醒身边的亲朋好友防止被骗。个人信息泄漏后，骗子不仅可以用这些信息盗用账号，甚至还可能借机去骗你身边的亲朋好友。所以一旦信息泄露，或者联系工具账号丢失，一定要第一时间通知亲朋好友，要他们倍加防范，以免上当受骗。

（4）委托律师维权。如果个人重要的信息丢失，而且知道怎么丢失的或者是有很多线索，就可以向专业律师咨询相关的法律法规。如果律师给予肯定的答复，就可以利用法律的武器维护自己的权益。如果是在消费过程中泄露，还可依据《中华人民共和国民法典》《中华人民共和国消费者权益保护法》等，通过法律手段要求侵权人赔礼道歉、消除影响、恢复名誉、赔偿损失等。

未成年人在网络进行“打赏”，未得法定代理人追认，可以追回钱款吗

未成年人在网络进行“打赏”后金额可追回，但想把钱要回来的话，家长就必须举证证明刷礼物的行为是孩子自己操作的。我国法律规定，无民事行为能力人和限制民事行为能力人订立的合同是无效的。无民事行为能力人指的就是婴儿、精神病患者和老年痴呆症患者等没有行为能力的人，这种人订立的合同是完全无效的。限制行为能力人的情况则稍有不同。

《中华人民共和国民法典》第十九条、第二十二条规定，八周岁以上的未成年人和不能辨认自己行为的成年人为限制民事行为能力人，实施民事法律行为由其法定代理人代理或者经其法定代理人同意、追认；但是，可以独立实施纯获利益的民事法律行为与其年龄、智力、精神健康状况相适应的民事法律行为。因此，未成年人在参与网络付费游戏或者网络直播平台过程中，通过充值、“打赏”等方式支出的款项如果与其年龄、智力不相适应，则该付款行为属于效力待定的行为，需要经法定代理人同意或者追认后才能发生效力，如果法定代理人不同意或不予追认，则该行为无效。无效的民事法律行为自始没有法律约束力，行为人因该行为取得的财产，应当予以返还。

哪些孩子容易被拐卖 家长带孩子外出应该注意什么

从年龄上说，6岁以下都很危险，但不满1岁的孩子最容易被拐卖。从性别上说，男孩比女孩危险。公益性反拐网站“宝贝回家”中的“宝贝寻家”数据库显示：0岁是拐卖巅峰期，此时男童女童数量接近。1~6岁是拐卖高发期，这个年龄段被拐男童的数量远高于女童。6岁以上是拐卖低发区，男童比例逐渐降低，9岁以上被拐儿童变成了以女童为主。

虽然说现在的社会还比较太平，但是人贩子的数量依然很多，而且作案手法也越发多样。所以，为了减少拐卖儿童事件的发生，家长需要提高保护意识，也要培养孩子的安全意识。

家长带孩子外出需要多注意：

（1）谨防几个陌生人同时接近。人贩子可能会组团同时接近目标孩子，通过和家长套近乎，让家长降低警惕性，然后趁机拐走孩子。

（2）外出时不能让孩子远离自己的视线。在家附近的场所如公园玩耍时，由于是家长熟悉的环境，所以会放心地让孩子自由玩耍，自己却玩起了手机或者和其他家长攀谈。这时候人贩子就会趁机拐走孩子。等到发现孩子不见了，为时已晚了。

（3）如果发现孩子不见了，要立刻报警。在立即报警的同时，要通知至少10人以上的亲友，大家分散开来找，争取在黄金半小时内找到被拐的孩子。并利用各种媒体如微博、朋友圈、广播站等向社会发出求助。

培养孩子的安全意识，可以这样做：

（1）告诉孩子什么才是陌生人。孩子小的时候，一般没有陌生人的意识。但当孩子4岁后，家长就应该给孩子介绍什么是陌生人。告诉孩子陌生人就是自己不认识的人，当陌生人提出要带自己去别的地方时，要保持警惕，需要得到家人的确认后才可以。陌生人递来的食物和玩具不能拿，也要得到亲人的同意后才可以。但是也不用让孩子对陌生人感到恐惧，让孩子知道这个概念即可。

（2）告诉孩子谁是可以求助的人。当孩子需要帮助时，可以向一些陌生人求助，比如警察、消防员、医生等。这些人往往穿着制服，还有专门的名牌。家长在日常生活中就可以教孩子辨认。

（3）训练孩子记住家庭住址和联系方式。在孩子能够说话时，应训练其记住父母的名字、电话以及所在的城市和小区名称、家庭住址等。

（4）不要和孩子说恐吓性话语。例如，当孩子哭闹或者不听话时，不要说“让警察来把你抓走”或者“把你丢掉”之类的恐吓性话语，这会让孩子在需要帮助时不敢向警察求助，以及怀疑自己是被爸爸妈妈遗弃的而不敢去寻求帮助，从而错失被解救的机会。

（5）应该经常和孩子进行场景化模拟教育。平时可以和做游戏一样，模拟和坏人接触的场景，给孩子打好“预防针”，教会他们如何预防被人贩子拐跑。尤其是在孩子3～4岁的关键期，一定要注意这方面的教育。

当孩子遭到侵犯时应该如何处理

（1）立刻报警。发生侵害后，应第一时间拨打110报警电话报警，一是保护自身安全，二是便于保全证据。

（2）保全证据。无论是刑事处罚、行政处罚或承担民事责任，均需证据证明侵害行为人的主体及其所实施的行为本身，因此事情发生后，不应破坏现场，应尽量保持原状，等待公安等专业人员进行取证。

（3）及时就医。如发生身体伤害，较为严重的情况下除拨打报警电话外，还应第一时间拨打急救电话120；对于伤势不严重的情形，建议待公安现场勘察后就医，并且应由公安人员陪同，保存好诊断、医疗材料，作为加害人承担责任的依据。

（4）心理疏导。未成年人遭遇此类事件后，无论是加害人还是被侵害人，其心理均受不同程度的影响，尤其是被侵害人，应安排心理医生对其进行诊疗，加强心理疏导，避免发生心理疾病。

特殊情形：如果是监护人对未成年被监护人实施侵犯，根据《中华人民共和国民法典》第三十六条，人民法院根据有关个人或者组织的申请，撤销其监护人资格，安排必要的临时监护措施，并按照最有利于被监护人的原则依法指定监护人。

父母离异之后，未成年人能否起诉增加抚养费

可以起诉。

《中华人民共和国民事诉讼法》第六十条规定，无诉讼行为能力人由他的监护人作为法定代理人代为诉讼。法定代理人之间互相推诿代理责任的，由人民法院指定其中一人代为诉讼。

《中华人民共和国民法典》第一千零八十五条规定，离婚后，子女由一方直接抚养的，另一方应当负担部分或者全部抚养费。负担费用的多少和期限的长短，由双方协议；协议不成的，由人民法院判决。前款规定的协议或者判决，不妨碍子女在必要时向父母任何一方提出超过协议或者判决原定数额的合理要求。

未成年子女可以同时继承生父母和养父母的遗产吗

不能。从法律意义上讲，养父母与养子女之间没有生理意义上的血缘关系，但由于双方履行了合法的收养登记手续，所以养父母子女之间与亲生父母子女之间的法律关系是完全相同的。同时，在收养关系成立时，养子女与亲生父母之间就不再存在法律上的权利义务关系了。《中华人民共和国民法典》第一千一百一十一条规定，自收养关系成立之日起，养父母与养子女间的权利义务关系，适用本法关于父母子女关系的规定；养子女与养父母的近亲属间的权利义务关系，适用本法关于子女与父母的近亲属关系的规定。养子女与生父母以及其他近亲属间的权利义务关系，因收养关系的成立而消除。据此，未成年人就失去了继承亲生父母遗产的权利。

养父母子女的关系经合法有效的收养程序而成立。收养关系确立后，会发生一系列因身份关系的变更和转移而产生的变化。根据《中华人民共和国民法典》第一千零六十七条、第一千零六十八、第一千零六十九、第一千零七十条、第一千一百一十二条，收养关系成立后，收养人与被收养人之间产生以下法律效力:

（1）父母不履行抚养义务的，未成年子女或者不能独立生活的成年子女，有要求父母给付抚养费的权利。成年子女不履行赡养义务的，缺乏劳动能力或者生活困难的父母，有要求成年子女给付赡养费的权利。

（2）父母有教育、保护未成年子女的权利和义务。未成年子女造成他人损害的，父母应当依法承担民事责任。

（3）子女应当尊重父母的婚姻权利，不得干涉父母离婚、再婚以及婚后的生活。子女对父母的赡养义务，不因父母的婚姻关系变化而终止。

（4）父母和子女有相互继承遗产的权利。

（5）养子女可以随养父或养母的姓，经当事人协商一致，也可以保留原姓氏。

以案释法

未成年人在学校受到人身伤害，责任谁来负？

【案例简介】

2020年7月8日，同学A与同学B在校上晚自习时发生言语冲突，同学B将矿泉水瓶扔向同学A，该矿泉水瓶砸到了同学A鼻子上。同学A、同学B所在学校实行寄宿制，同学A受伤后，学校未在当天通知学生家长。2020年7月10日，同学A放学回家后，其家长带其到医院就诊，CT检查影像学诊断为：符合鼻骨及右侧上颌骨额突多发骨折CT表现。因需回校参加考试，同学A并未住院治疗。

2020年7月14日，在校上课课间，同学A与同学C发生言语冲突，同学C用手打了同学A的鼻子，加重了同学A的病情。同学A父母得知后找到学校，但学校一直没有答复。2020年7月16日，同学A父母带其至医院治疗，入院诊断为鼻骨骨折。此后因赔偿事宜协商未果，同学A将学校，同学B、同学C及两人父母诉至法院，请求判令赔偿两次侵权行为产生的医疗费等各项经济损失共计17799.67元。

法院审理认为，同学B用矿泉水瓶砸同学A鼻子系客观事实，且同学B并未提供其他证据证明同学A鼻子受伤是其他原因造成的，该次就诊费用和同学C无关，同学C对该次费用不承担责任；鉴于同学A自身亦存在过错，法院酌定同学A承担该次医疗费用20%责任；学校未第一时间带同学A去医院检查救治，亦未及时通知家长，在学生管理方面亦存在一定过错，法院酌定学校承担该次医疗费用30%责任；剩余50%责任由同学B承担。

2020年7月14日，同学C用手打了同学A鼻子，后入院诊断为鼻骨骨折，同学C对同学A鼻子病情前后变化是否有影响，有多少影响根据现有证据无法确切判定，但同学 C 的行为对同学 A 存在一定的侵权行为，法院酌定同学 C 对之后各项医疗费用承担 20% 责任；同学 A 及学校分别按上述确定的 20%、30% 承担责任；同学 B 承担 30% 责任。

【与法同行】

未成年人活泼好动，对于行为的危险性缺乏足够的认知力和控制力，且自我保护能力较弱，世界观尚未形成或者不成熟，做事容易冲动，不计后果。

为此提醒广大群众，孩子是祖国的未来，守护每一个孩子的健康成长，是社会各界的共同责任。家长作为孩子的监护人，需要注意到未成年人心智发育阶段的局限性，正确履行好自身的监护职责。既要帮助未成年子女排除日常生活中所面临的危险因素，保护其身体和财产安全，也要履行好《中华人民共和国家庭教育促进法》规定的义务，承担起对未成年人实施家庭教育的主体责任，加强对孩子的教育约束，引导孩子遵纪守法，增强安全意识，不从事危险活动，玩耍打闹要适度，使其在保护好自身安全的同时，避免将他人置于危险之中。

未成年人在校课间追逐打闹导致人身损害事件时有发生，存在较大的安全隐患。为最大限度避免损害的发生，学校应当经常对在校学生进行安全知识教育，并且有效利用监控等相关设备对发生的意外事件及时发现和制止；同时，学校应进一步规范校园管理，建立完备的校园安全管理制度，确保未成年学生的人身安全。

【法条链接】

《中华人民共和国民法典》第二十二条规定，不能完全辨认自己行为的成年人为限制民事行为能力人，实施民事法律行为由其法定代理人代理或者经其法定代理人同意、追认；但是，可以独立实施纯获利益的民事法律行为或者与其智力、精神健康状况相适应的民事法律行为。

《中华人民共和国民法典》第二十三条规定，无民事行为能力人、限制民事行为能力人的监护人是其法定代理人。

《中华人民共和国民法典》第一千一百六十五条规定，行为人因过错侵害他人民事权益造成损害的，应当承担侵权责任。依照法律规定推定行为人有过错，其不能证明自己没有过错的，应当承担侵权责任。

《中华人民共和国民法典》第一千一百八十八条规定，无民事行为能力人、限制民事行为能力人造成他人损害的，由监护人承担侵权责任。监护人尽到监护职责的，可以减轻其侵权责任。有财产的无民事行为能力人、限制民事行为能力人造成他人损害的，从本人财产中支付赔偿费用；不足部分，由监护人赔偿。

（摘自长清法院微信公众号，2022年5月16日，有删改）

九　妇女保护权益

法律是如何规定“出嫁女”土地权益的

我国法律的规定，女儿嫁出去只要户口没迁，是能享受土地补偿款的。

《中华人民共和国宪法》第十条规定，农村和城市郊区的土地，除由法律规定属于国家所有的以外，属于集体所有。也就是说，只要是村、组集体的一员，不管男女、老幼，都应平等地分享土地上的收益。如果“出嫁女”的户口仍在本村、组，属于村、组集体的一员，就可以理所应当地分享土地补偿费。《中华人民共和国妇女权益保障法》（以下简称《妇女权益保障法》）第五十六条规定，村民自治章程、村规民约，村民会议、村民代表会议的决定以及其他涉及村民利益事项的决定，不得以妇女未婚、结婚、离婚、丧偶、户无男性等为由，侵害妇女在农村集体经济组织中的各项权益。

在妇女未改变户籍性质和退出承包地之前，不能以已经出嫁为由排除其平等获取集体收益的权利。

什么是继承权 《妇女权益保障法》如何规定妇女继承权

继承权又称财产的继承权，是指公民依法享有的承受被继承人遗产的权利。

《妇女权益保障法》第五十八条规定，妇女享有与男子平等的继承权。妇女依法行使继承权，不受歧视。丧偶妇女有权依法处分继承的财产，任何组织和个人不得干涉。

儿媳对公婆的遗产有继承权吗

遗产继承中，儿媳并不在法定的继承人范围之内。但是，在一些特殊情况下，儿媳是可以作为第一顺序继承人继承的。《中华人民共和国民法典》第一千一百二十九条规定，丧偶儿媳对公婆，丧偶女婿对岳父母，尽了主要赡养义务的，作为第一顺序继承人。

同时，《中华人民共和国妇女权益保障法》第五十九条规定，丧偶儿媳对公婆尽了主要赡养义务的，作为第一顺序继承人，其继承权不受子女代位继承的影响。

女职工在怀孕期间，用人单位可否单方面解除劳动合同

《妇女权益保障法》第四十八条规定，用人单位不得因结婚、怀孕、产假、哺乳等情形，降低女职工的工资和福利待遇，限制女职工晋职、晋级、评聘专业技术职称和职务，辞退女职工，单方解除劳动（聘用）合同或者服务协议。

如果遇到这种侵权行为，可以先找单位工会协商解决。若协商不成，就要收集好相关证据，去劳动部门投诉。或者去当地人力资源和社会保障局内的劳动争议仲裁委申请劳动仲裁。申请劳动仲裁时需要携带仲裁申请书、申请人身份证复印件、证据清单、证据复印件、用人单位的工商登记信息等材料。必要时还可以向当地法院起诉。

女性在职场遭遇性骚扰时应该怎么办

（1）选择一种方式说出来。遭遇性骚扰后，应当第一时间告

知信得过的亲朋好友。这样做，一方面可以缓解心理压力，另一方面可以取得亲友的支持，也可以作为日后投诉或者起诉的证据。

（2）及时取证，保存所有证据。要对性骚扰事件发生的时间、地点和经过进行记录，注意保留手机短信、电子邮件、微信聊天记录、QQ 聊天记录等带有骚扰信息的电子文档，最好对电子文档进行公证。

（3）利用内部投诉机制及时投诉。遭受性骚扰后，应及时将骚扰经过整理成书面材料，留下复印件，附上相关证据，向单位人事部门、工会或者更高层次的领导投诉反映，要求给予骚扰者相应处罚，并将骚扰者调离本部门。

（4）向公安机关报案。性骚扰侵犯人身权利，可以及时报警，要求对骚扰者依法予以治安拘留、罚款等行政处罚；情节严重、涉嫌犯罪的，要求公安机关依法予以刑事立案侦查，可以提起刑事附带民事赔偿诉讼。

（5）向妇联等社会机构投诉。如果单位管理层对投诉没有反应，或者明显偏袒骚扰者，应当通过书面形式（附上证据复印件）向工会、妇联女职工委员会、法律援助中心等机构投诉；还可以向民间社团求助，让其出面协调处理，或支持起诉。

（6）向人民法院起诉。女性可以在掌握相关骚扰证据的前提下，向人民法院提起人身损害赔偿诉讼，要求骚扰者承担包括停止侵害、赔礼道歉、赔偿损失（包括精神损害抚慰金）等在内的相关法律责任。

丈夫不允许自己工作，怎么办

《中华人民共和国民法典》第一千零五十七条规定，夫妻双方都有参加生产、工作、学习和社会活动的自由，一方不得对另一方加以限制或干涉。由此可见，结婚后妻子也有权利出去工作，丈夫不让妻子工作的行为是违法的。妻子可以选择和对方协商，如果对方仍坚持不让其工作，即以侵害其人格尊严和人身自由的方式使其无法行使权利时，说明婚姻家庭的感情基础已经动摇，可以选择离婚的合理途径。

因男性性别偏好而强制终止妇女妊娠时，女性应该如何维权

《妇女权益保障法》第六十条规定，国家保障妇女享有与男子平等的婚姻家庭权利。

这些权利包括生育权，即妇女有按照国家规定生育子女的权利，也有不生育的自由，任何组织和个人不得强迫妇女生育或不生育。因男性性别偏好而强制终止妇女妊娠，是侵害妇女婚姻家庭权利的行为。

《妇女权益保障法》第七十二条规定，对侵害妇女合法权益的行为，任何组织和个人都有权予以劝阻、制止或者向有关部门提出控告或者检举。有关部门接到控告或者检举后，应当依法及时处理，并为控告人、检举人保密。妇女的合法权益受到侵害的，有权要求有关部门依法处理，或者依法申请调解、仲裁，或者向人民法院起诉。

因此，当妇女的合法权益受到侵害时，可以向妇女组织投诉，妇女组织要求有关部门查处，保障妇女的合法权益。

妇女被强迫进行色情活动时应该如何维权

《妇女权益保障法》第二十七条规定，禁止卖淫、嫖娼；禁止组织、强迫、引诱、容留、介绍妇女卖淫或者对妇女进行猥亵活动；禁止组织、强迫、引诱、容留、介绍妇女在任何场所或者利用网络进行淫秽表演活动。

若妇女被强迫进行色情活动，应打电话报警或者和家人联系，寻求公安机关的解救；趁犯罪分子不备，逃离卖淫窝点，到当地公安机关或者政府机关、妇联说明情况并请求保护。

以案释法

面对家庭暴力，如何说不？

【案例简介】

贾某和李某于1986年3月1日结婚，婚后于1987年10月20日和1991年6月8日生育两个儿子。由于双方婚前缺乏了解，性格差异较大，常因为琐事发生争吵并大打出手，贾某因无法忍受李某的长期殴打，二人于2017年1月分居生活。2018年4月，李某曾写保证书一份，载明："保证再也不打贾某，否则房产归贾某所有"。

但在2019年的一天，贾某又被李某打伤，并向当地派出所报警。贾某认为李某屡犯不止，再也无法忍受，于次日以李某实施家庭暴力导致夫妻感情破裂为由诉至法院，要求与李某离婚，由李某支付离婚损害赔偿金，依法分割夫妻共同财产。诉讼过程中，贾某提供证人朱某、张某及两个儿子出庭证明；还提供了医院病历和照片等证据，证明李某存在家庭暴力；由于诉讼期间李某仍对贾某不断进行恐吓，贾某认为其极有可能继续实施家庭暴力，因此申请法院采取措施保护其人身安全。

法院经审理，认定贾某在离婚诉讼期间存在遭受李某暴力或者暴力威胁的可能性，遂裁定禁止李某殴打、威胁、骚扰贾某。贾某提供的病历、照片、李某书写的保证书、证人朱某、张某及其两个儿子的证言及派出所的出警记录，已形成一系列证据锁链，足以证明李某对贾某多次进行殴打，实施家庭暴力，贾某的离婚请求应予准许。因李某在婚姻关系存续期间对贾某实施家庭暴力，贾某可适当多分得部分财产。同时，李某应支付贾某离婚损害赔偿金。综上，遂判决准予贾某与李某离婚，贾某分得夫妻共同财产的70%，李某分得夫妻共同财产的30%，同时李某支付贾某离婚损害赔偿金10000元。

【与法同行】

区别于其他类型案件，家庭暴力是指家庭成员之间以殴打、捆绑、残害、限制人身自由以及经常性谩骂、恐吓等方式实施的身体、精神等侵害行为。家庭暴力具有隐蔽性、长期性、缺乏救助性等特点，取证比较困难，近亲属尤其是子女的证言往往成为家庭暴力案件中重要的证据形式。

《中华人民共和国民法典》将实施家庭暴力作为导致夫妻感情破裂准予离婚的法定事由。《中华人民共和国反家庭暴力法》实施后，家庭成员若遭受家庭暴力或者面临家庭暴力的危险，可以直接向人民法院提出人身保护的申请。对有家庭暴力情形的，根据《婚姻法》及有关司法解释的规定，受害人可以要求施暴者给予损害赔偿，并可适当多分得部分财产。

面对家庭暴力，妇女可通过以下途径维权：

（1）向居民委员会、村民委员会以及所在单位提出请求，各单位予以劝阻、调解。

（2）对于正在实施的家庭暴力行为应及时报警，公安机关应当予以制止。施暴造成受害妇女轻微伤的，可以要求公安机关给予施暴方治安管理处罚，如警告、罚款、拘留。

（3）长期遭受家庭暴力的受害妇女可以家庭暴力为由要求离婚，在离婚时获得包括人身、精神损害在内的离婚损害赔偿。

（4）对于已构成犯罪的家庭暴力行为，可以向人民法院自诉；对于暴力致被害人重伤、死亡的，受害人或其近亲属可以向公安机关报案，公安机关依法侦查、人民检察院依法提起公诉；对于被害人受到恐吓或者因年老患病、盲、聋哑等原因不能亲自告诉，其法定代理人、近亲可代为告诉。

（5）向妇联或妇女公益组织等机构求助。

【法条链接】

《中华人民共和国反家庭暴力法》第二十三条规定，当事人因遭受家庭暴力或者面临家庭暴力的现实危险，向人民法院申请人身安全保护令的，人民法院应当受理。

《中华人民共和国民法典》第一千零九十一条规定，实施家庭暴力导致离婚的，无过错方有权请求损害赔偿。

《中华人民共和国反家庭暴力法》第三十三条规定，加害人实施家庭暴力，构成违反治安管理行为的，依法给予治安管理处罚；构成犯罪的，依法追究刑事责任。

（摘自睢宁县人民法院微信公众号，
2020年2月29日，有删改）

十　人身与人格权益

拐卖妇女儿童者会受到何种惩罚

拐卖妇女儿童是犯罪行为。《中华人民共和国刑法》第二百四十条规定，拐卖妇女、儿童的，处五年以上十年以下有期徒刑，并处罚金；有下列情形之一的，处十年以上有期徒刑或者无期徒刑，并处罚金或者没收财产；情节特别严重的，处死刑，并处没收财产：

①拐卖妇女、儿童集团的首要分子；

②拐卖妇女、儿童三人以上的；

③奸淫被拐卖的妇女的；

④诱骗、强迫被拐卖的妇女卖淫或者将被拐卖的妇女卖给他人迫使其卖淫的；

⑤以出卖为目的，使用暴力、胁迫或者麻醉方法绑架妇女、儿童的；

⑥以出卖为目的，偷盗婴幼儿的；

⑦造成被拐卖的妇女、儿童或者其亲属重伤、死亡或者其他严重后果的；

⑧将妇女、儿童卖往境外的。

怀疑亲戚朋友被拐时应该怎么办

（1）一旦怀疑亲戚朋友被拐，应当立即向公安机关报案。详细向公安部门讲述其近期的工作和生活情况，反映其近期接触的可疑人员，及时提供当事人的近期照片以及本人特征。

（2）充分利用互联网，通过微博、微信发布寻人启事。及时关注公安机关破获的各类传销、拐卖妇女儿童案件，目前，最有效的网络平台是公安部失踪儿童信息紧急发布平台。

被邻居家的狗咬伤但邻居拒不赔偿时，应该如何维权

（1）找村干部出面，要求赔偿。

（2）向当地派出所报案。事件发生后第一时间固定证据，如

报警、录像、留存监控等；尽可能还原现场情况，如受伤时的时间、地点、狗的品种、狗主人怎么说、伤势有多严重，若协调成功，则按协调的结果赔偿。

（3）若协调未果，可直接起诉对方要求赔偿。《中华人民共和国民法典》第一千一百七十九条规定，侵害他人造成人身损害的，应当赔偿医疗费、护理费、交通费、营养费、住院伙食补助费等为治疗和康复支出的合理费用，以及因误工减少的收入。造成残疾的，还应当赔偿辅助器具费和残疾赔偿金；造成死亡的，还应当赔偿丧葬费和死亡赔偿金。

因乡村医生疏忽导致村民的药水相互输错时，应该如何维权

（1）可以按照医疗事故处理程序向其医疗主管机关申请医疗事故认定。

（2）可以直接向人民法院提起诉讼。药水输错没有明确的赔偿标准，若发生医疗事故应及时协商。如果协商解决不了，可以申请医疗事故鉴定，诉讼至法院要求赔偿，请求人民法院委托相关部门对医疗机构是否存在过错、过错与医疗事故后果是否存在因果关系、过错与后果的参与程度伤害后果是否导致伤残等问题进行鉴定。

村民被他人的谣言中伤、名誉权受损时，应该如何维权

（1）第一时间到最近的公证处，将造谣者造谣、诽谤的证据做公证以保留证据。

（2）联系造谣者，让其删除信息并公开道歉，也可以委托律师发律师函。

（3）报警。若造谣情节严重，传播范围广，造成了比较严重的后果，警方将对其进行行政处罚甚至刑事拘留。

（4）提起诉讼。若造谣者拒绝道歉，警方不予立案，可自行向法院提起民事诉讼或刑事自诉。

村民肖像权被侵犯时应该如何维权

（1）协商解决。采集有力的证据，与对方商议如何处理这件事，让对方赔偿自己的损失。

（2）向法院提起诉讼。首先，采取截屏或拍照的方式，将他人使用自己照片的证据固定下来；其次，提起诉讼，要求对方停止使用该照片，若照片被用作宣传盈利，可要求其支付一定的赔偿费。但是赔偿费没有固定标准，由法院行使自由裁量权予以判断。

因与同村村民产生纠纷遭遇被堵门时，应该怎么办

因纠纷而堵门的行为侵犯了人身自由权，若村民遭遇被堵门，应及时报警。《中华人民共和国治安管理处罚法》第九条规定，对于因民间纠纷引起的打架斗殴或者损毁他人财物等违反治安管理行为，情节较轻的，公安机关可以调解处理。经公安机关调解、当事人达成协议的，不予处罚。经调解未达成协议或者达成协议后不履行的，公安机关应当依照本法的规定对违反治安管理行为人给予处罚，并告知当事人可以就民事争议依法向人民法院提起民事诉讼。

因矛盾、纠纷被对方威胁、殴打，应该怎么办

（1）如果因矛盾、纠纷被对方威胁，应注意保留证据、及时报警、坚持立案。《中华人民共和国治安管理处罚法》第四十二条规定，有下列行为之一的，处5日以下拘留或者500元以下罚款；情节较重的，处5日以上10日以下拘留，可以并处500元以下罚款：

①写恐吓信或者以其他方法威胁他人人身安全的；

②公然侮辱他人或者捏造事实诽谤他人的；

③捏造事实诬告陷害他人，企图使他人受到刑事追究或者受到治安管理处罚的；

④对证人及其近亲属进行威胁、侮辱、殴打或者打击报复的；

⑤多次发送淫秽、侮辱、恐吓或者其他信息，干扰他人正常生活的；

⑥偷窥、偷拍、窃听、散布他人隐私的。

（2）如果因矛盾、纠纷被对方殴打，应及时报警并做法医鉴定。如果鉴定结果是轻微伤，公安机关会对打人者进行治安处罚，并要求其承担受害人的医疗费、误工费等费用；如果是轻伤或重伤，公安机关会追究打人者的刑事责任。若公安机关不予立案，可以向人民法院提起刑事自诉并附带民事诉讼，要求追究打人者的刑事责任并赔偿医疗费用。

家人被教唆自杀导致死亡时，应该如何维权

教唆自杀是指通过诈骗、怂恿，使他人产生自杀意图的行为。我国刑法没有规定教唆自杀的犯罪，如果欺骗、唆使不能理解死亡意义的人自杀，构成故意杀人罪的间接正犯；邪教组织煽动、教唆自杀的，同样构成故意杀人罪。教唆且引起他人自杀时，教唆者具有救助义务，不救助的教唆者涉嫌不作为的故意杀人罪。但适用刑法必须遵循罪刑法定的原则，如果没有证据证明

加害人间接故意杀害，如证人或其他材料等证明家人的自杀与加害人之间的直接关联性，很难定罪。

由于被教唆自杀的人未必能清醒脱身，其家属应第一时间保存相应的证据材料，比如手机聊天记录、录音、录像等，固定相关的证人证言，通过报警、向法院提起民事起诉或者刑事自诉来追究行为人的刑事责任、行政责任、民事责任。

以案释法

如何认定非法拘禁？

【案例简介】

张某与赵某有债务纠纷，2022年1月，张某邀约李某、王某一起去找赵某还钱，由李某驾驶车辆，来到某县找到赵某并实施殴打行为。三人将赵某强行塞入李某所驾驶车辆，将其反手绑住，推入河中并多次将其按入水中。从河中上岸后，张某向赵某索要2万余元现金，并要求其写了一张2万余元的欠条。

法院经审理认为，张某伙同王某、李某为索取赌资，非法剥夺他人人身自由，实施殴打行为，并使用了捆绑手段，其行为已构成非法拘禁罪。

【与法同行】

非法拘禁罪是指以拘押、禁闭或者其他强制方法，非法剥夺他人人身自由的犯罪行为。

非法拘禁罪在客观方面表现为以拘押、禁闭或者其他强制方法，非法剥夺他人人身自由权利的行为；在主观方面表现为故意剥夺他人的人身自由，不管出于什么动机，只要具有非法剥夺他人人身自由的目的，故意实施非法拘禁，即构成非法拘禁罪。

【法条链接】

《中华人民共和国民法典》第一百一十条规定，自然人享有生命权、身体权、健康权、姓名权、肖像权、名誉权、荣誉权、隐私权、婚姻自主权等权利。

《中华人民共和国民法典》第九百九十五条规定，人格权受到侵害的，受害人有权依照本法和其他法律的规定请求行为人承担民事责任。受害人的停止侵害、排除妨碍、消除危险、消除影响、恢复名誉、赔礼道歉请求权，不适用诉讼时效的规定。

《中华人民共和国民法典》第一千零一十一条规定，以非法拘禁等方式剥夺、限制他人的行动自由，或者非法搜查他人身体的，受害人有权依法请求行为人承担民事责任。

《中华人民共和国刑法》第二百三十八条规定，

非法拘禁他人或者以其他方法非法剥夺他人人身自由的，处三年以下有期徒刑、拘役、管制或者剥夺政治权利。具有殴打、侮辱情节的，从重处罚。犯前款罪，致人重伤的，处三年以上十年以下有期徒刑；致人死亡的，处十年以上有期徒刑。使用暴力致人伤残、死亡的，依照本法第二百三十四条、第二百三十二条的规定定罪处罚。为索取债务非法扣押、拘禁他人的，依照前两款的规定处罚。国家机关工作人员利用职权犯前三款罪的，依照前三款的规定从重处罚。

（摘自楚天都市报官方号，2023年2月7日，有删改）

十一　行政救济权益

什么是信访
哪些事项可以向有关行政机关提出信访

信访是人民群众来信来访的简称，是指公民、法人或者其他组织采用书信、电子邮件、传真、电话、走访等形式，向各级人民政府、县级以上人民政府工作部门反映情况，提出建议、意见或者投诉请求，依法由有关行政机关处理的活动。

信访人对下列组织、人员的职务行为反映情况，提出建议、意见，或者不服下列组织、人员的职务行为，可以向有关行政机关提出信访事项：

（1）行政机关及其工作人员；

（2）法律、法规授权的具有管理公共事务职能的组织及其工作人员；

（3）提供公共服务的企业、事业单位及其工作人员；

（4）社会团体或其他企业、事业单位中由国家行政机关任命、派出的人员；

（5）村民委员会、居民委员会及其成员。

对于应当、正在或已经通过诉讼、仲裁和行政复议等途径解决的投诉请求，信访部门不予受理。

农民可以通过哪几种途径，向哪些机关或部门提出信访

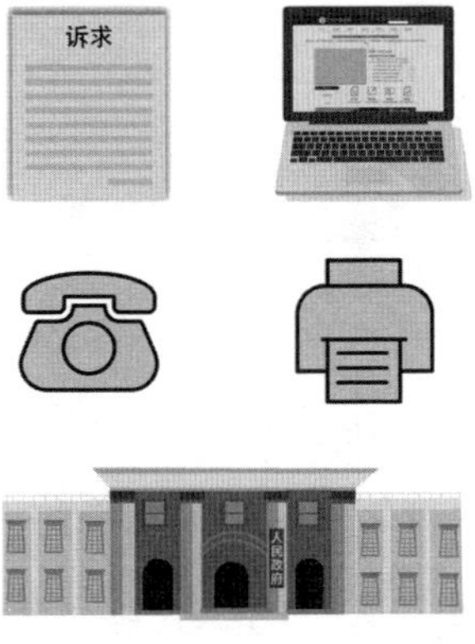

（1）农民可以通过以下途径提出信访：

①写信。

②网上信访（包括电子邮件）。登录国家或省、市、区信访局网站，点开“网上信访”一栏，进入国家投诉受理办公室页面：

a. 实名注册：姓名、身份证号等是必填项目。b. 网上写信：求决、申诉点击“投诉请求”，给党和政府提意见点击“建议征集”。c. 提交信件：要选事发地点、问题类别、是否允许公开等，还可添加联名人、贴附件。d. 查询评价：全程跟踪信访件办理进度，还可以评价是否满意。

③打电话。农民可以打开国家信访局网站，点击“地方信访部门”和“部委信访部门”，或直接打开各省、市、区信访局网站查询各省、各部委的信访电话和地址，或打114电话问询。

④发传真。

⑤走访。

（2）除了可以去当地信访部门提出信访，农民还可以去国家部委、地方政府及委办局受理信访的窗口。比如，村民小黄觉得当地政府违规征地，可以去国土部门投诉；觉得村干部贪污补偿款，可以去纪委举报；村民小黄的父母申请不到低保，可以去民政部门咨询和反映。若涉及多部门或不知道谁管的事情，可以找信访部门反映。但要注意不能越级信访，只能向依法有权处理的本级或上一级机关提出。

农民在信访活动中要注意避免出现哪些情况

（1）集体上访。《信访工作条例》规定，多人采用走访形式提出共同的信访事项的，应当推选代表，代表人数不得超过5人。

（2）越级上访。《信访工作条例》规定，信访人采用走访形式提出信访事项的，应当向依法有权处理的本级或者上一级机关、单位设立或者指定的接待场所提出。因此，如果对地方政府信访工作不满，可以按照正常程序投诉或写信到更高一级政府或人大。但是随意越级上访，不仅花费巨大，而且也不一定有助于问题的解决。

（3）暴力上访。信访人必须依法信访，不得采用暴力手段来达到目的，采用暴力手段是一种违法犯罪活动，要受到法律惩罚。

（4）长期上访。《信访工作条例》规定，信访问题经过初步处理、复查和复核三个环节就已经终结。利用信访就相同问题上访几年甚至十几年的行为是典型的长期上访，不仅不能满足要求，而且可能因违法被追究法律责任。

信访机关应该在多长时间内将信访事项处理完毕

（1）信访工作机构收到信访事项，应当予以登记，并区分情况，在15日内分别按下列方式处理：

①对各级人大、法院、检察院职权范围内的信访事项，应当告知信访人分别向有关的人大、法院、检察院提出。

②对已经或者依法应当通过诉讼、仲裁、行政复议等法定途

径解决的，不予受理，但应当告知信访人依照有关法律、行政法规规定程序向有关机关提出。

③按照“属地管理、分级负责，谁主管、谁负责”的原则，直接转送有权处理的行政机关；信访事项涉及下级行政机关或者其工作人员的，要抄送下一级人民政府信访工作机构。

（2）信访人直接向行政机关提出信访事项，有关行政机关应当予以登记，能够当场答复是否受理的，应当当场书面答复；不能当场答复的，应当自收到信访事项之日起15日内书面告知信访人是否受理。

（3）信访事项应当自受理之日起60日之内办结；情况复杂的，经本级行政机关负责人批准可以适当延长办理期限，但延长期限不得超过30日。

对信访事项的处理意见不服，可以采取哪些救济方式

（1）请求原办理行政机关的上一级行政机关复查。《信访工作条例》第三十五条规定，信访人对信访处理意见不服的，可以自收到书面答复之日起30日内请求原办理机关、单位的上一级行政机关、单位复查。收到复查请求的机关、单位应当自收到复查请求之日起30日内提出复查意见，并予以书面答复。

（2）向复查机关的上一级行政机关请求复核。《信访工作条例》

第三十六条规定，信访人对复查意见不服的，可以自收到书面答复之日起30日内向复查机关、单位的上一级行政机关、单位请求复核。收到复核请求的机关、单位应当自收到复核请求之日起30日内提出复核意见。但需注意，信访人对复核意见不服，仍然以同一事实和理由提出投诉请求的，各级人民政府信访工作机构和其他行政机关将不再受理。

什么是国家赔偿
哪些事项可以向有关部门要求国家赔偿

国家赔偿是指国家机关及其工作人员因行使职权给公民、法人及其他组织的人身权或财产权造成损害，依法应给予的赔偿。一般包括行政赔偿和刑事赔偿，由侵权的国家机关履行赔偿义务。

符合以下情形，可以要求国家赔偿：

（1）办案机关决定对赔偿请求人终止侦查的。

（2）解除撤销取保候审、监视居住、拘留、逮捕措施后，办案机关超过一年未移送起诉、作出不起诉决定或者撤销案件的。

（3）取保候审、监视居住法定期限届满后，办案机关超过一年未移送起诉、作出不起诉决定或者撤销案件的。

（4）人民检察院撤回起诉超过30日未作出不起诉决定的。人民法院决定按撤诉处理后超过30日，人民检察院未作出不起诉决定的。

（5）人民法院准许刑事自诉案件自诉人撤诉的。

（6）人民法院决定对刑事自诉案件按撤诉处理的。

请求国家赔偿要经过哪些法定程序

（1）首先向赔偿义务机关提出。赔偿义务机关为在自身及其工作人员行使职权时给公民、法人或其他组织造成损害的行政机关以及侦查、检察、审判、监狱管理机关。

（2）递交申请书。申请书应当载明受害人的姓名、性别、年龄、工作单位和住所，法人或其他组织的名称、住所和法定代表人或者主要负责人的姓名、职务；具体的要求、事实根据和理由；申请的年、月、日。

（3）赔偿机关应当自收到申请之日起两个月内给予赔偿。

公民请求国家赔偿的时效是多长

两年。自国家机关及其工作人员行使职权时的行为被依法确认为违法之日起计算，但被羁押期间不计算在内。

赔偿请求人在赔偿请求时效的最后6个月内，因不可抗力或者其他障碍不能行使请求权的，时效中止。从中止时效的原因消除之日起，赔偿请求时效期间继续计算。

对赔偿的决定不满意时，有什么救济方式

对国家机关的赔偿决定不服，逾期不予赔偿或者赔偿请求人对赔偿数额有异议的，可以自期间届满之日起3个月内向上一级机关申请复议。复议机关应当自收到申请之日起两个月内决定是否赔偿。

赔偿请求人不服复议决定的，可以在收到复议决定之日起30日内向复议机关所在地的同级人民法院赔偿委员会申请作出赔偿决定；复议机关逾期不作决定的，可以自期间届满之日起30日内向复议机关所在地的同级人民法院赔偿委员会申请作出赔偿决定。

以案释法

信访要文明，违法必追究！

【案例简介】

2016年12月7日，秦某某与其弟到某市某幼儿园协商处理其侄女被抓伤一事过程中，其弟因身体不适

被送往某市医院救治。同年12月11日，其弟因心脏骤停、抢救无效死亡。

从2016年12月开始，由该事件引发的生命权纠纷一案，经某市人民法院、某市中级人民法院、某省高级人民法院审理。2019年11月26日，某省高级人民法院作出最终判决，认为不能排除死者在自身存在多种疾病的情况下，用过激方式处理女儿被抓伤事件，导致其旧疾复发并最终死亡，某市某幼儿园与秦某某弟弟的死亡不存在因果关系，驳回该案原告的诉讼请求，同时判决某市某幼儿园出于人道主义将已执行的赔偿款补偿给该案原告。

在人民法院审理期间，秦某某以公安违法等理由多次到国家信访部门信访，或者到北京非正常上访，并于2018年1月12日、2019年2月1日先后被北京市公安局天安门地区分局训诫2次。秦某某在明知信访事项被某省高级人民法院作出最终判决、自己的诉求已得到依法处理、信访事项已依法终结后，又以法院判决不公、公安徇私枉法等理由，在2020年1月21日和1月22日到北京非正常上访，被北京市公安局西城分局训诫2次。某市政府某街道办事处接到通知后，依法对其劝返。秦某某不听劝返干部的劝解，以继续滞留北京进行信访为由要挟劝返干部，向其索取人民币20000元，并对其提出报销交通费、伙食费、住宿费的无理要求。劝返干部迫于无奈将交通费等费用5928.5元支付给秦某某，并将20000元转账到秦某某的银行账户。2020年1月22日，秦某某收到钱后，才同意和劝返干部从北京返回某县。

法院经审理认为，被告人秦某某在民事纠纷已经得到依法处理后再提出无理诉求，并以无理诉求未得到满足为由，多次到北京非正常上访，向劝返干部索要财物总计人民币25928.5元，已构成寻衅滋事罪，应当依法处罚。

【与法同行】

秦某某的上述信访行为是违法的，应当受到法律的制裁。

违法信访的一种表现为诉求无理、行为违法。信访人以申诉信访之名向党、政府和司法机关发难，歪曲事实，意图用蛊惑人心的论调“绑架”民意，达到发泄不满、诋毁司法制度、追求不法利益等目的。

另一种表现为诉求合法，但行为违法。信访人不到指定的场所和按规定逐级信访程序，而是采取蓄意的、过激的、法律明确禁止的方式，如围堵、拦截公务车辆，堵塞、阻断交通，携带危险物品或管制刀具，侮辱、殴打、威胁工作人员，进行煽动、胁迫等违法行为。

【法条链接】

《中华人民共和国治安管理处罚法》第二十三条规定，有下列行为之一的，处警告或者200元以下罚款；情节较重的，处5日以上10日以下拘留，可以并处500元以下罚款：

（1）扰乱机关、团体、企业、事业单位秩序，致使工作、生产、营业、医疗、教学、科研不能正常进行，尚未造成严重损失的；

（2）扰乱车站、港口、码头、机场、商场、公园、展览馆或者其他公共场所秩序的；

（3）扰乱公共汽车、电车、火车、船舶、航空器或者其他公共交通工具上的秩序的；

（4）非法拦截或者强登、扒乘机动车、船舶、航空器以及其他交通工具，影响交通工具正常行驶的；

（5）破坏依法进行的选举秩序的。

《中华人民共和国治安管理处罚法》第二十六条规定，有下列行为之一的，处5日以上10日以下拘留，可以并处500元以下罚款；情节较重的，处10日以上15日以下拘留，可以并处1000元以下罚款。

（1）结伙斗殴的；

（2）追逐、拦截他人的；

（3）强拿硬要或者任意损毁、占用公私财物的；

（4）其他寻衅滋事行为。

（摘自云端临漳微信公众号，2021年11月11日，有删改）

十二　农村教育权益

孩子多大应该上学接受义务教育父母可以让孩子辍学吗

《中华人民共和国义务教育法》第十一条规定，凡年满六周岁的儿童，其父母或者其他法定监护人应当送其入学接受并完成义务教育；条件不具备的地区的儿童，可以推迟到七周岁。

父母让孩子辍学是违法行为。《中华人民共和国未成年人保护法》第十七条第五款规定，未成年人的父母或者其他监护人不得放任或者迫使应当接受义务教育的未成年人失学、辍学。《中华人民共和国义务教育法》规定，胁迫或者诱骗应当接受义务教育的适龄儿童、少年失学、辍学的，依照有关法律、行政法规的规定予以处罚。

学校可以无故开除学生吗

不可以。《中华人民共和国未成年人保护法》第二十八条规定，学校应当保障未成年学生受教育的权利，不得违反国家规定开除、变相开除未成年学生。

如遇到这种情况，学生及其监护人可以采取与学校协商解决、向当地教育行政主管部门投诉、到人民法院起诉等方式解决。

普通学校可以拒绝接收残疾儿童或青少年入学吗

不可以。《中华人民共和国残疾人保障法》第二十五条规定，普通教育机构对具有接受能力的残疾人实施教育，并为其学习提供便利和帮助。普通小学、初级中等学校，必须招收能适应其学习生活的残疾儿童、少年入学。

如遇到这种情况，学生及其监护人可以向当地教育行政主管部门举报，责令学校招收。

学校可以要求学生在法定假期补课吗

不能。《中华人民共和国未成年人保护法》第三十三条规定，学校应当与未成年学生的父母或者其他监护人互相配合，合理安排未成年学生的学习时间，保障其休息、娱乐和体育锻炼的时间。学校不得占用国家法定节假日、休息日及寒暑假期，组织义务教育阶段的未成年学生集体补课，加重其学习负担。

如遇到这种情况，家长或者监护人可以通过信函、短信、电话、互联网或者到当地教育主管部门、纪检部门投诉。

未成年人在学校、幼儿园受伤，学校、幼儿园要承担责任吗

《中华人民共和国民法典》第一千一百九十九条规定，无民事行为能力人在幼儿园、学校或者其他教育机构学习、生活期间受到人身损害的，幼儿园、学校或者其他教育机构应当承担侵权责任；但是，能够证明尽到教育、管理职责的，不承担侵权责任。

第一千二百条规定，限制民事行为能力人在学校或者其他教育机构学习、生活期间受到人身损害，学校或者其他教育机构未尽到教育、管理职责的，应当承担侵权责任。

第一千二百零一条规定，无民事行为能力人或者限制民事行为能力人在幼儿园、学校或者其他教育机构学习、生活期间，受到幼儿园、学校或者其他教育机构以外的第三人人身损害的，由第三人承担侵权责任；幼儿园、学校或者其他教育机构未尽到管理职责的，承担相应的补充责任。幼儿园、学校或者其他教育机构承担补充责任后，可以向第三人追偿。

也就是说，若八周岁以下的未成年人在学校、幼儿园等教育机构受到第三方人身损害的，教育机构承担的是过错推定责任，即教育机构能够证明尽到职责的，不承担侵权责任。监护人只要证明孩子受到伤害，如果教育机构举证不能，受害人家长可列第三人和教育机构为共同被告；如果教育机构证明自己尽到监管责任的，责任由第三人承担。

若八周岁以上的未成年人在教育机构受到人身损害的，教育机构承担的是过错责任，即证明教育机构未尽到相关职责，则需要承担相应责任。监护人应当特别注意证据的收集和保留，例如学校通知、孩子的医疗诊断记录、费用单据等，并及时和校方协商沟通赔偿问题，如果协商达成一致，可要求校方尽快赔偿；如果协商未果，及时带孩子到相应的司法鉴定中心进行法医鉴定，对医疗费、是否构成伤残、构成几级伤残等作出鉴定，准备起诉。

哪些行为属于学校乱收费，应该怎样举报

（1）违规收取赞助费或捐资助学费：收取或变相收取与招生录取挂钩的赞助费或捐资助学费问题；通过基金会、社会中介、培训机构等关联交易变相收取专业选择费。

（2）违规收取服务性收费与代收费：摊派收取饮水费、补课费等；借课后服务之机组织集体教学或补课、强制或变相强制学生缴纳培训费等；获取代收费差价；强制或暗示学生购买考试资料等费用。

（3）违规上调学费、住宿费：未经审批或备案擅自上调学费、住宿费；未经公示或高于公示标准收取费用；强制或变相强制学生向企业缴纳技能培训费；以企业名义收取实习费、校企合作费、就业委托费等；将生活服务性收费与学费、住宿费等捆绑收取。

（4）违规上调伙食费：强制学生缴纳伙食费；学校伙食价高质差；伙食费违规涨价。

（5）疫情防控期间违规收费：学费、住宿费跨学年或学期预收；春季学期住宿费尚未退还到位；借疫情防控名义擅自增设收费项目、扩大收费范围、提高收费标准。

遇到学校乱收费行为，学生或者家长可收集好学校乱收费的证据，包括录音、录像、证人证言等，通过拨打当地的12315或12358等电话，向当地教育局、媒体和信访部门进行举报投诉。

学生因校内纠纷被拒绝返校学习，应该怎么办

如果学生处于义务教育阶段，因为校内纠纷学校拒绝学生返校是违法的，《中华人民共和国义务教育法》规定学校无权剥夺

学生的受教育权，因此可与学校沟通或向当地教育局反映情况。

如果学生处于非义务教育阶段，学校具有一定的惩戒权，可以让学生回家反省，但有时间限制。若学生在家长的教育下积极改正错误，可与学校沟通返校；若学生表现恶劣、屡教不改，学校则可以采取停学或劝退处理，此时学生按照要求可以去特殊学校或另找学校继续接受教育。

学校可以设重点班和非重点班吗

不可以。《中华人民共和国义务教育法》第二十二条规定，县级以上人民政府及其教育行政部门应当促进学校均衡发展，缩小学校之间办学条件的差距，不得将学校分为重点学校和非重点学校。学校不得分设重点班和非重点班。

第五十七条规定，学校有下列情形之一的，由县级人民政府教育行政部门责令限期改正；情节严重的，对直接负责的主管人员和其他直接责任人员依法给予处分：

（1）拒绝接收具有接受普通教育能力的残疾适龄儿童、少年随班就读的；

（2）分设重点班和非重点班的；

（3）违反本法规定开除学生的；

（4）选用未经审定的教科书的。

学校不让成绩差的学生参加考试，应该怎么办

学生享有平等的受教育权，包括平等接受知识教授和知识测试的权利。学校不让成绩差的学生参加考试违反相关的政策纪律，侵犯了学生的受教育权。若有此类现象发生，学生及其监护人可以向教育主管部门反映，请求教育主管部门介入调查并责令改正。

以案释法

孩子辍学，政府将家长告上法院！

【案例简介】

黄某衫和岑某英系夫妻关系，其儿子黄某于2004年9月15日出生。黄某原在望谟县某中学就读八年级，于2018年11月辍学在家，当时黄某未满16周岁。由于黄某年龄未满16周岁，应依法在校接受义务教育，村干部、工作人员和学校老师反复找其父母做工作，要求黄某衫和岑某英将黄某送到九年义务教育学校读书。但多次对其进行敦促、动员和教育无果，黄某衫和岑某英始终未能将黄某送回学校接受义务教育。因此，望谟县乐元镇人民政府将黄某衫和岑某英起诉至

望谟县人民法院，请求法院依法判决。

本案在巡回审理过程中，承办法官在通过听取原告方的诉求和被告方的答辩，充分了解案情后，对参加诉讼的被告黄某衫晓之以理、动之以情，告知被告不尽法定监护人责任需要承担的法律后果。经过承办法官的主持调解，被告黄某衫意识到了自己的错误，承认自己没有好好督促子女上学，也主动承担起监护子女接受九年义务教育的义务，并承诺在2019年12月2日前将辍学子女黄某送到望谟县某中学继续完成九年义务教育。原告遂向人民法院提出了撤回起诉申请。

【与法同行】

义务教育是国家统一实施的所有适龄儿童、少年必须接受的教育，是国家必须予以保障的公益性事业。其实质是国家依照法律的规定对适龄儿童和青少年实施的一定年限的强制教育的制度。受教育权作为每一个未成年人的权利，需要家庭、社会各界与政府部门共同协力保障，父母作为子女的监护人，要树立正确的家庭教育观念，保障子女的受教育权，促进未成年人身心的健康成长，使适龄未成年人依法入学接受并完成义务教育。

父母不送子女上学，或者子女因种种原因没有读完九年义务教育，而父母又不积极配合政府、学校督促子女到校读书的，违反了《中华人民共和国义务教育法》和《中华人民共和国未成年人保护法》等法律。父母或其他监护人应当尊重未成年人受教育的权利，必须使适龄未成年人依法入学接受并完成义务教育，不得使接受义务教育的未成年人辍学。

【法条链接】

《中华人民共和国义务教育法》第五条第二款规定，适龄儿童、少年的父母或者其他法定监护人应当依法保证其按时入学接受并完成义务教育。

第五十八条规定，适龄儿童、少年的父母或者其他法定监护人无正当理由未依照本法规定送适龄儿童、少年入学接受义务教育的，由当地乡镇人民政府或者县级人民政府教育行政部门给予批评教育，责令限期改正。

第五十九条规定，有下列情形之一的，依照有关法律、行政法规的规定予以处罚：

（1）胁迫或者诱骗应当接受义务教育的适龄儿童、少年失学、辍学的；

（2）非法招用应当接受义务教育的适龄儿童、少年的；

（3）出版未经依法审定的教科书的。

《中华人民共和国未成年人保护法》第十六条第五款规定，未成年人的父母或者其他监护人应当履行监护职责，尊重未成年人受教育的权利，保障适龄未成年人依法接受并完成义务教育。

（摘自黔西南州中级人民法院官方澎湃号，2020年8月14日，有删改）

十三　司法救济权益

什么是人民调解和司法调解，它们有什么区别

人民调解是指在人民调解委员会的主持下，依照法律、政策及社会主义道德规范，对纠纷当事人进行说服规劝，促其彼此互谅互让，在自主自愿情况下，达成协议，消除纷争的活动。人民调解是我国法律所确认的一种诉讼外的调解形式。

司法调解亦称“诉讼调解”，是我国民事诉讼法规定的一项重要的诉讼制度，是当事人双方在人民法院法官的主持下，通过处分自己的权益来解决纠纷的一种重要方式。

人民调解和司法调解的区别：

（1）调解的性质不同。司法调解是一种法定的诉讼程序，是诉讼内的调解，而人民调解并不是诉讼的必经程序，是非诉讼的

调解活动。

（2）调解的范围不同。司法调解的范围是法院所受理的所有民事案件和刑事自诉案件。人民调解的范围主要限于民间纠纷。

（3）调解达成协议的效力不同。司法调解一经达成协议，即发生与法院判决同等的法律效力，对双方当事人都具有法律上的约束力和强制力。人民调解达成的协议，具有法律约束力，但不具有强制执行的效力。如果一方不履行协议，另一方当事人可以请求基层人民政府处理，也可以向人民法院起诉。调解协议达成后，双方当事人认为有必要，可以自调解生效之日起30日内向人民法院申请司法确认。人民法院确认调解协议有效的，一方当事人拒绝履行或者未全部履行的，对方当事人可以向法院申请强制执行。

农民在进行诉讼时，可以委托哪些人作为诉讼代理人

（1）律师。律师具有较为丰富的法律知识和诉讼经验，能够较好地维护当事人的合法权益。目前，律师已成为诉讼代理人的主体部分。

（2）近亲属。包括配偶、父母、子女、兄弟、姐妹等，他们与当事人的关系密切，对案情也比较了解，能更好地维护当事人的合法权益。

（3）有关社会团体或当事人单位推荐的人。比如妇联可以推荐其工作人员作为某个妇女的诉讼代理人，保护妇女的合法权益；工会可以推荐其工作人员作为某个会员的诉讼代理人。

（4）除上述人员以外，还可以委托其他公民担任诉讼代理人，但为了避免当事人的利益受到损害，并保障诉讼的顺利进行，其他公民担任诉讼代理人必须经过许可，对这类诉讼代理人的知识、能力等进行审查，以确定其是否能担任诉讼代理人。

什么是仲裁，仲裁有哪些好处

仲裁是指双方当事人根据订立的仲裁协议，自愿将其争议提交由非司法机构的仲裁员组成的仲裁庭进行裁判，并受该裁判约束的一种制度。仲裁异于诉讼和审判，需要双方自愿；也异于强制调解，它是一种特殊调解活动。

仲裁的好处：

（1）当事人享有很大的自主权。仲裁不但须在双方当事人自愿的基础上进行，还可以自主选择仲裁机构、仲裁员、仲裁地、仲裁语言、适用法律等。

（2）快捷、一裁终局。仲裁没有上诉或再审程序，仲裁裁决自作出之日起即发生法律效力并具有强制执行力，解决纠纷有效及时。

（3）方式比较灵活。双方当事人在仲裁过程中可以自行和解，达成和解协议，还可以撤回仲裁申请等，这些做法大大方便了当事人，有利于纠纷的及时解决。

（4）仲裁不公开审理的原则有利于保护当事人的商业秘密。《中华人民共和国仲裁法》（以下简称《仲裁法》）第四十条规定，仲裁不公开进行。当事人协议公开的，可以公开进行，但涉及国家秘密的除外。这在很大程度上可以保护当事人不愿公开的专有技术及商业秘密，更重要的是，仲裁从庭审到裁决结果的不公开，使败诉的一方当事人商业信誉不会受到大的负面影响，也有利于双方当事人日后可能继续进行生意上的往来。

（5）仲裁立案不存在“立案难”。由于仲裁员多是兼职，人数较多，可以满足大量仲裁案件审理的需要。当事人提交仲裁，只要符合仲裁规则规定的条件，就可以立案。

哪些事项适用仲裁解决

《仲裁法》第二条规定，平等主体的公民、法人和其他组织之间发生的合同纠纷和其他财产权益纠纷，可以仲裁。

由此可见，第一，仲裁的争议事项应当是当事人有权处分的；第二，仲裁范围必须是合同纠纷和其他财产权益纠纷。

第三条规定，下列纠纷不能仲裁：

（1）婚姻、收养、监护、扶养、继承纠纷；

（2）依法应当由行政机关处理的行政争议。

什么情况下仲裁协议无效

（1）约定的仲裁事项超出法律规定的仲裁范围。

（2）无民事行为能力人或者限制民事行为能力人订立的仲裁协议。

（3）一方采取胁迫手段，迫使对方订立仲裁协议。

（4）仲裁协议仅约定纠纷适用的仲裁规则的，且当事人不能就仲裁机构达成补充协议或者按照约定的仲裁规则不能够确定仲裁机构的，仲裁协议无效。

（5）仲裁协议约定两个以上仲裁机构的，当事人不能就仲裁机构的选择达成一致的，仲裁协议无效。

（6）仲裁协议约定由某地的仲裁机构仲裁，该地有两个以上仲裁机构的，当事人不能就仲裁机构的选择达成一致的，仲裁协议无效。

（7）当事人约定争议可以向仲裁机构申请仲裁也可以向人民法院起诉的，仲裁协议无效。但一方向仲裁机构申请仲裁，另一方未在规定期间内提出异议的除外。

（8）以口头方式订立的仲裁协议无效。

怎样写刑事自诉状

（1）刑事自诉状模板：

刑事自诉状

自诉人：姓名、性别、出生年月日、民族、籍贯、职业、工作单位和职务、住址等。

被告人：姓名、性别等情况，出生年月日不详者可写其年龄。

案由：被告人被控告的罪名。

诉讼请求：具体的诉讼请求。

事实与理由：被告人犯罪的时间、地点、侵害的客体、动机、目的、情节、手段及造成的后果，理由应阐明被告人构成犯罪的罪名和法律依据。

证据和证据来源，证人姓名和住址：主要证据及其来源，证人姓名和住址。如证据、证人在事实部分已经写明，此处只需点明证据名称、证人详细地址等。

此致

××人民法院受

附：本状副本___份（注：根据对方当事人人数提供）。

起诉人：____________

________年____月____日

（2）书写说明：

①当事人基本情况：当事人是自然人的，应写明姓名、性别、出生年月日、民族、工作单位、户籍所在地或者经常居住地、邮编及联系电话；当事人是法人或者其他组织的，应写明名称、住所地、邮编及联系电话、法定代表人或负责人姓名、职务。

②诉讼请求：明确要求追究被告人何种罪名。

③事实与理由：全面反映案件的客观真实情况，包括纠纷起因、过程、现状等，陈述起诉原因。

④署名和时间：起诉人是自然人的，应由本人签名（不能书写姓名的，加盖单位公章）。起诉状上签署的时间与实际递交诉状时间不一致的，应注明实际递交时间，实际递交诉状的时间为正式起诉时间。

起诉状的纸张大小为A4（210毫米 × 297毫米），必须用墨水笔（黑色、蓝黑色）书写或打印。

刑事案件怎样上诉，应该注意哪些问题

（1）刑事案件上诉可以用书状和口头两种形式提出。口头上诉应当制作笔录，可以向第一审人民法院或者直接向第二审人民法院提出上诉。

（2）应注意的问题：

①上诉主体：自诉人、被告人及其法定代理人均系有权提起

上诉的主体，经被告人同意的辩护人、近亲属，附带民事诉讼的当事人及其法定代理人也可以启动上诉程序。但附带民事诉讼的当事人及其法定代理人只能就判决、裁定中的附带民事诉讼部分提起上诉，对其中涉及刑事部分无权提起。

②上诉理由：我国法律并没有对上诉理由进行实体限制，只要在法定期限内提起上诉，不论理由是否充分，均应允许。在司法实践中，提起上诉的理由主要包括：判决、裁定在认定事实上有错误，或者缺乏确实、充分的证据；判决、裁定在适用法律、定罪量刑上有错误；违反诉讼程序，使当事人依法享有的诉讼权利受到侵犯，可能影响判决、裁定的正确性。

③上诉状内容：上诉法院的名称；第一审判决、裁定的法院名称，裁判文书的文号和上诉人收到的时间；上诉的请求和理由；提出上诉的时间；上诉人签名或者盖章。此外，如果是被告人的辩护人、近亲属经被告人同意提出上诉的，还应当写明提出上诉的人与被告人的关系，以被告人作为上诉人。

④上诉期限：不服判决的上诉和抗诉的期限为10日，不服裁定的上诉和抗诉的期限为5日。自收到判决书、裁定书的次日起计算。

一方胜诉后，对方一直不履行判决，应该怎么办

（1）对于拿到判决书后，对方一直不履行的，村民可以向法

院申请强制执行。对于发生法律效力的民事判决、裁定，以及刑事判决、裁定中的财产部分，由一审人民法院或者与一审人民法院同级的被执行的财产所在地人民法院执行；对于法律规定由人民法院执行的其他法律文书，由被执行人住所地或者被执行的财产所在地人民法院执行。

（2）《中华人民共和国民事诉讼法》第二百四十三条与第二百四十六条规定，村民在向人民法院申请执行时，需要注意以下几点：

①申请强制执行针对的是已经发生法律效力的民事判决，如果判决还在上诉期间内，则当事人不能申请强制执行，只有等过了上诉期间对方没有上诉，判决才会依法生效，当事人才能申请执行。

②申请执行的期间为两年，申请执行时效的中止、中断，适用法律有关诉讼时效中止、中断的规定。申请执行的期间，从法律文书规定履行期间的最后一日起计算；法律文书规定分期履行的，从规定的每次履行期间的最后一日起计算；法律文书未规定履行期间的，从法律文书生效之日起计算。

（3）申请执行需提交的材料：

①执行申请书。申请书中应写明申请人和被执行人的基本情况，申请执行的请求事项，申请执行的事实、理由情况，申请人所了解的被申请人的财产线索。

②申请人的身份证明。个人申请的应当出示居民身份证；法

人申请的，应当提交法人营业执照副本和法定代表人身份证明；其他组织申请的，应当提交营业执照副本和主要负责人身份证明；继承人或权利承受人申请执行的，应当提交继承或承受权利的证明文件。

③生效法律文书及生效证明。具有强制执行内容的生效法律文书原件一份及法律文书生效证明一份。

证据一定要用原件原物吗

不一定。根据《最高人民法院关于修改〈关于民事诉讼证据的若干规定〉的决定》（以下简称《决定》），对于实践中出现的记录，该电子证据的原始载体不便在法庭出示的情况，鉴于法院在审理案件时真正需要审查的是该介质或载体记录的具体内容，若电子数据的制作者制作的是与原件一致的副本，或者直接来源于电子数据的打印件或其他可以显示、识别的输出介质，则可以视为电子数据的原件。

同时，《决定》明确了电子数据证据的范围，包括：

（1）网页、博客、微博等网络平台发布的信息；

（2）手机短信、电子邮件、即时通信、通讯群组等网络应用服务的通信信息；

（3）用户注册信息、身份认证信息、电子交易记录、通信记录、登录日志等信息；

（4）文档、图片、音频、视频、数字证书、计算机程序等电子文件；

（5）其他以数字化形式存储、处理、传输的能够证明案件事实的信息。

什么情况下需要采取证据保全措施，有哪些保全措施

（1）《中华人民共和国民事诉讼法》第八十四条规定，在证据可能灭失或者以后难以取得的情况下，当事人可以在诉讼过程中向人民法院申请保全证据，人民法院也可以主动采取保全措施。因情况紧急，在证据可能灭失或者以后难以取得的情况下，利害关系人可以在提起诉讼或者申请仲裁前向证据所在地、被申请人住所地或者对案件有管辖权的人民法院申请保全证据。

（2）《最高人民法院关于民事诉讼证据的若干规定》规定，当事人申请证据保全的，人民法院可以要求其提供相应的担保。人民法院进行证据保全，可以根据当事人的申请和具体情况，采取查封、扣押、拍照、录音、录像、复制、鉴定、勘验、制作笔录等方法进行证据保全。因此，一般来讲，证据保全措施有以下几种：

①对证人可以进行询问并制作笔录或者录音、录像。

②对书证、视听资料、电子证据尽量提取原件，提取原件有

困难的，可以采取拍照、复制的保全方法；对物证可以进行勘验，制作勘验笔录、绘图、拍照、录像或者保存原物。

③如果被保存的原物是易腐烂变质的物品，可以在制作笔录后予以变卖。

④对需要及时鉴定的有关事项，要及时地进行鉴定。

以案释法

对症下药促和谐，人民调解化纠纷！

【案例简介】

村民闫某，75岁，老伴已过世，有三个儿子和一个女儿。2016年，闫某做了脑瘤手术，术后老人生活不能自理，需要专人来照料，四兄妹都因各自原因无法照料老人。为了让老人的日常生活能得到悉心照料，在征求老人的意见后，经共同协商，四子女将老人送至敬老院。闫某在敬老院的费用一直由大儿子、三儿子、女儿三人共同承担。二儿子因母亲偏心其他子女而自己经常受到打骂等原因，拒不承担老人在敬老院的费用，也不去看望老人。二儿子的做法使得闫某很生气，三兄妹和二儿子之间的矛盾也因此爆发，于是闫某委托大儿子到司法所申请调解。

调解过程中，调解员首先让四兄妹学习《中华人民共和国老年人权益保障法》等相关法律，指出赡养老人是每个子女应尽的法律义务，更是作为子女不容推卸的责任。在父母年老时，经济上给予供养、生活上予以照料、精神上予以慰藉，都是子女对老人应尽的义务。其次，在对二儿子的劝说中，先是肯定其在老人做手术时自觉承担治疗费用的孝心，同时指出，作为儿子拒不承担老人在敬老院的费用，也不去看望老人是不对的。通过调解员耐心细致地解释、劝说和列举相关案例，二儿子承认了自己的错误，表示愿意承担老人在敬老院的费用，并在第一时间去看望老人，向老人认错。

【与法同行】

在农村，发生家庭纠纷、邻里纠纷等可以选择人民调解的方式解决。通过调解员从道德的角度劝说，从法律的角度对双方当事人各自所享有的权利和应承担的义务进行充分解释说明，为当事人提供便捷、高效、低成本的解纷方式，引导其在平等协商基础上自愿达成调解协议，有效解决民间纠纷。

人民调解的程序主要是：

（1）纠纷的受理。由当事人提出调解申请，当事人没有提出申请的，调委会也可主动调解。当事人一方明确拒绝调解的，不得调解。

（2）进行必要的调查。收集相关证据，查明纠纷的事实经过，拟定调解纠纷的实施方案。

（3）主持调解。制作书面调解协议书，当事人、承办人签字，并加盖“人民调解委员会”印章。

（4）对久调不决的纠纷，及时申报人民调解工作领导小组，避免纠纷激化。

（5）调解结束。若调解达成协议，人民调解委员会有责任检查、督促、教育双方当事人自觉履行协议。若没达成协议，为防止纠纷激化，应告知纠纷当事人用仲裁、行政、司法等途径进行解决。

【法条链接】

《中华人民共和国人民调解法》第三十一条规定，经人民调解委员会调解达成的调解协议，具有法律约束力，当事人应当按照约定履行。人民调解委员会应当对调解协议的履行情况进行监督，督促当事人履行约定的义务。

第三十二条规定，经人民调解委员会调解达成调解协议后，当事人之间就调解协议的履行或者调解协议的内容发生争议的，一方当事人可以向人民法院提起诉讼。

第三十三条规定，经人民调解委员会调解达成调解协议后，双方当事人认为有必要的，可以自调解协议生效之日起30日内共同向人民法院申请司法确认，人民法院应当及时对调解协议进行审查，依法确认调解协议的效力。人民法院依法确认调解协议有效，一方当事人拒绝履行或者未全部履行的，对方当事人可以向人民法院申请强制执行。人民法院依法确认调解协议无效的，当事人可以通过人民调解方式变更原调解协议或者达成新的调解协议，也可以向人民法院提起诉讼。

后 记

2022年春节刚过，收到何丞主编邀请参加乡村振兴农民百事通系列小册子的编写任务，虽然明知任务艰巨，但仍欣然应允。因何老坦言：在新冠疫情的压力下，吾辈学人应该迎难而上，为乡村振兴做些“书斋里的有效输出”。主编的整体指导是从巩固脱贫攻坚成果到实现乡村振兴，有一段路要走，而这段路中农民权益的保障尤为重要。以农民为中心，首先要使其明确其基本权益的内容和权益受损的救济路径，而这样的初心更是与党的二十大提出保障农民的财产权益和土地权益的要求相契合。

有鉴于此，本书秉持“全面、贴切和便利”的原则组织编写。“全面”是指呈现的农民权益所涉及范围尽量全面。课题组成员根据相关法律、法规和既有的相关图书文献，尽可能列出农民权益所涉及的领域和内容，尽量提高农民基本权益范围的覆盖性，最终从村民自治权益、农村消费权益、劳动就业权益、社会保障权益等十三个方面呈现农民群众核心权益的主要内容。

“贴切”是指尽可能选出“农民最关注、触及最多”的那些权益来介绍。在全面列出相关权益的基础上，课题组设计调查问卷，向村干部和部分村民发放，请他们选出农民群众最关心和最容易受损的权益内容，以便提高本书内容的针对性。最终从初稿的 166 个条目中精选出 121 条，进行编撰。

“便利”是指尽可能以农民群众可接受的方式呈现，包括采用一问一答的直白文风和“以案释法”的案例展示方式展开写作，以便提高本书的可读性。

感谢何主编的邀请和指导，感谢出版社的信任支持和编辑同志的细心修改，感谢唐斌教授为文作序，感谢高畅、谭锐姿和周颖三位编写组成员辛劳的付出。当然，既落笔成文，则文责自负，个中不足，敬请方家批评指正。

武玉坤

2023 年 1 月